XINXI JIANSUO YU CHULI

技工院校通用职业素质课程实验教材

U0816159

信息检索与处理

（修订版）

主　编　杨　琼
副主编　周晓峰
参　编　奚一飞　李　萍

中国劳动社会保障出版社

图书在版编目（CIP）数据

信息检索与处理 / 杨琼主编 . -- 2 版（修订版）. -- 北京：中国劳动社会保障出版社，2023

ISBN 978-7-5167-5953-0

Ⅰ . ①信… Ⅱ . ①杨… Ⅲ . ①信息检索 - 中等专业学校 - 教材②信息处理 - 中等专业学校 - 教材 Ⅳ . ① G254.9 ② TP391

中国国家版本馆 CIP 数据核字（2023）第 111268 号

中国劳动社会保障出版社出版发行

（北京市惠新东街 1 号 邮政编码：100029）

*

北京市艺辉印刷有限公司印刷装订 新华书店经销

787 毫米 × 1092 毫米 16 开本 8.75 印张 152 千字

2023 年 10 月第 2 版 2024 年 1 月第 2 次印刷

定价：20.00 元

营销中心电话：400-606-6496

出版社网址：http://www.class.com.cn

http://jg.class.com.cn

前言

技能人才是我国人才队伍的重要组成部分，也是实施人才强国战略、就业优先战略和创新驱动发展战略不可或缺的支撑力量。着力培养高素质劳动者和技术技能人才，对于迈入新时代，培育新动能，实现经济社会高质量发展具有十分重要的现实意义。

党中央、国务院高度重视技能人才队伍建设。党的二十大报告提出，培养造就大批德才兼备的高素质人才，是国家和民族长远发展大计，强调“努力培养造就更多”高技能人才。国务院《关于推行终身职业技能培训制度的意见》中，明确提出要“强化工匠精神和职业素质培育”。技工院校是培养技能人才的摇篮。加强通用职业素质课程建设，是弘扬劳动精神、劳模精神和工匠精神，促进学生养成良好职业素质的有效途径，更是强化“德技并修、工学结合”育人机制，落实立德树人根本任务，提高技能人才培养质量的重要举措。

通用职业素质是从业人员除岗位所需要的专业知识和技能外，在职业活动中所表现出来的最关键、最核心的综合品质和能力，是从业人员职业理想信念、职业基本意识、通用职业能力、通用职业知识等方面的综合体现。技工院校通用职业素质课程由自我管理、自主学习、理解与表达、交往与合作、信息检索与处理、企业管理与企业文化、就业指导与实训和创业创新指导与实训等模块组成，着重体现职业素质在宏观意识和一般方法上的导向作用，为专业课程中的职业素质融合运用提供方法论基础。通过公共必修课的系统学习和专业课程的情境应用，从而在学生职业素质培养上形成双管齐下的叠加效应。

本课程以学生终身职业发展为目标，以实用性、有效性和综合性为原则，根据职业发展所需要的各项通用职业素质构建课程体系和内容，以学生为主体进行教学设计并安排教学活动，强化学生通用职业能力的培养。

表现出以下几个鲜明特点：

第一，以学生需要为中心。课程内容设置紧密围绕学生在职业素质方面的主观需要和客观必需，帮助学生明确学习目标，确立养成途径，最终适应社会、适应岗位和适应职业发展。教学活动注重突显学生的主体地位，通过引领学生自主探究和实践，获得价值体验，在行动中内化观念、意识和知识，逐步掌握方法，增强能力，提升素质。

第二，以职业发展为核心。课程目标设定、模块架构、教学实施和学习评价均指向帮助学生获得更好的职业发展。课程的功能定位是在职业理想信念驱动下的职业基本意识和通用职业知识的综合运用，为学生就业、转岗、创新创业提供支撑，满足学生职业发展的素养要求。

第三，以能力培养为重心。坚持以能力本位、问题导向为原则，课程内容不追求知识体系的完备性，不灌输不必要的概念性、理论性知识，尽量避免生硬的理论阐述。聚焦解决职业活动中的实际问题，将知识传授与能力训练相结合，通过案例分析、任务引领、项目训练等活动教学，重在培养通用职业能力，侧重考查实践过程和结果，引导各项素质培育有机融合，相互促进。

通用职业素质课程是全新的课程，教材也在实验与完善中，希望各地各校在教学实验中总结经验，提出修改和完善的建议。

本课程提供配套线上资源，可登录 http://jg.class.com.cn 观看或下载。

目录

第一单元

检索信息

单元提示

从结绳记事到互联网，进入数字时代，互联网的应用构建起数字社会中信息和知识传播的新形态。随着信息获取难度的下降和数量的增加，信息素养已经成为新时代人们必须具备的基本素养之一。

我们已经在一定程度上突破了传统的时空界限、物流、信息流、知识流逐渐实现全球的共融。信息化发展速度之快远远超过人们的想象，网络科技的发展颠覆了许多传统的思维和经营模式。信息化日益改变人们的生活和学习的方式。加快信息化的发展已经成为世界各国的共同选择。

生活在这样一个科技腾飞时代的我们，工作和学习中常常会面临着诸多问题，需要收集和获取各种各样的信息来帮助解决问题。然而每个人的知识结构都具有一定的个性特征，每个人面临的问题多种多样，因此产生的信息需求也是多种多样。为了获取并利用信息，需要我们了解各类信息，并且知道信息的用途。因此，我们要建立信息意识、掌握信息知识、具备信息能力、恪守信息道德，才能最终完成信息查找、处理、利用和创造。

进入新时代，人力资源已经成为最重要的战略资源，而具备信息素养的创新型人才已成为人力资源中最有价值的资源，具有一定信息素养已成为时代对我们的要求。通过本单元的学习，我们将了解信息的特征、种类及信息素养如何养成，懂得识别不同的信息源和设计信息需求表，并使用信息检索工具检索信息，为后期的辨识信息、处理信息以及运用信息解决生活、学习、工作问题打下基础。

第一课　信息需求和搜索引擎

学习目标

1. 能简单阐述信息的基本概念、价值和特征。
2. 能熟知信息需求的内容，设计信息需求表。
3. 能了解信息源的分类，有效识别和选择各种信息源。
4. 能熟知常用搜索引擎的功能特点和使用方法。
5. 能根据搜索需要，确定检索词。
6. 能根据信息需求，使用检索式检索指定的信息。

翻转课堂

本课导读

信息需求和搜索引擎

- 信息概述
  - 信息的概念和价值
  - 信息的特征
  - 信息的种类
  - 信息素养
- 信息需求
  - 信息需求形式
  - 信息需求的确定
  - 信息源
- 常用搜索引擎
  - 百度搜索引擎
  - 搜狗搜索引擎
  - 专用搜索引擎
- 信息检索方法和技巧
  - 检索词的选择与组织
  - 检索式的运用
  - 图片搜索

1987年9月15日中午，丹顶鹤牧仁、黎明在笼子里鸣叫不已，驯鹤员徐秀娟以为它们想出来游玩和戏水，就进去把它们抱出来放进水塘里。不想牧仁、黎明玩兴大发，先后挣脱绳子飞走了。到了晚上，牧仁被找回来了，黎明还是不见踪影。

夜深了，徐秀娟放心不下，一个人摸黑钻进密密的芦苇中，不断呼唤着黎明，可是没找到，第二天一大早她没顾上吃饭就又去找。黎明被找回来了，欢天喜地的人们却发现徐秀娟不见了……夜沉沉，路漫漫，遍野是人群，到处唤秀娟。当强烈的汽车灯直照水面，人们把徐秀娟从水底托起时，人群一片哭声，震动苍穹，掠过芦荡。秀娟已经走了……她死于丹顶鹤之爱……

徐秀娟是我国环境保护战线第一位因公殉职的烈士，她的父亲就是一位鹤类保护工程师，母亲也曾养鹤10年。徐家人对丹顶鹤的爱并没有随着徐秀娟的离开减少，他们忘不掉秀娟，更放不下鹤。1997年，徐秀娟的弟弟徐建峰放弃了城里的工作，接过了姐姐未完成的事业。在徐秀娟牺牲27年后，弟弟徐建峰又献出了生命，年仅47岁。徐建峰的女儿徐卓在那一年下定决心，从园艺专业转学野生动物保护。2016年，徐卓接过了爷爷、姑姑、父亲的接力棒，大学毕业后回到了自然保护区工作，成为徐家第三代养鹤人，她说："只有在这里，我才能找到内心的安宁。"

想一想

如果你想策划一次"丹顶鹤之爱"宣传活动，你会如何来确定所需要的信息，有哪些搜索引擎可以用来搜索信息？

要收集策划“丹顶鹤之爱”宣传活动的信息，先要知道信息是什么，再确定活动的信息需求，然后根据信息需求，选择信息源，并能使用搜索引擎搜索信息。其中，确定信息需求是有效获取信息的首要条件。

一、信息概述

（一）信息的概念和价值

信息有狭义与广义之分。广义的信息是指人类社会传播的一切内容，是对各种事物的存在方式、运动状态和相互联系特征的一种表达和陈述，是自然界、人类社会和人类思维活动普遍存在的一切物质和事物的属性。狭义的信息是就是用语言、文字、数字、符号、图像、声音、情景、表情、状态等方式所传递的内容。

信息的价值主要体现以下几个方面：

1. 信息能让人们的生活、工作、学习更加快捷、方便、丰富。随着科技的发展，人们可以短时间内获取大量信息，例如线上招聘。

2. 信息能为决策者提供决策参考。决策者需要随时掌握尽可能全面的、充分的、有效的信息，才能作出正确的决策。

3. 信息对管理和竞争有基础和关键作用。管理过程实质是信息的有效采集、处理、利用的过程。人们必须密切地了解相关信息，才能在竞争中处于不败之地。

信息的价值具有相对性，即同一信息对不同的人存在不同的价值，不同信息对同一个人可能存在共同的价值。

（二）信息的特征

信息的特征指的是信息的属性和功能，其典型特征主要有共享性、时效性、传递性、依附性和存储性。

1. 共享性。信息作为一种资源，不同的个体和群体在同一时间或者不同时间可以共同享用，并且不会因使用人数和次数的累积而耗损其内容。信息可共享的特点使得信息资源能够发挥最大的效用。

2. 时效性。信息是对事物存在方式和运动状态的反映，如果不能及时反映事物的最新变化，它的效用就会降低。即信息一经生成，其反映的内容越新，价值越大，而随着时间流逝，价值逐渐减小，最终可能失去作用，例如气象信息、交通信息等。信息的使用价值还取决于使用者的需求及对信息的理解、认识和利用能力。这也是信息区别于物质的典型特征。

从前，有两家人是邻居，王家卖油，张家卖日历。王家媳妇每次卖油时都会收集油罐残留的油，到年底时，就积攒了一罐油，卖掉就有了过年的钱。张家媳妇看在眼里十分羡慕，也学王家媳妇的样子，每个月都省下一本日历，可等到年底却没换到钱。这是为什么？油代表的是物质，而日历代表了信息，信息的价值会随着时间的推移逐渐降低，渐渐消失。

3. 传递性。信息本身是抽象的，只有借助于语言、文字、图像、声波、电波等媒介，人们才能接收到。信息借助媒介的传递不受时间空间的限制，人们在不同地点、时间都可以对信息加以选择利用。

古代信息的传递

在古代边境的山峰上，或远或近筑有烽火台。如果夜晚有敌情，驻守兵卒就点起火堆，烈焰升腾，火光能起到警示的作用，称为烽火；如果白天有敌情，就焚烧狼粪，据说烧狼粪冒出的白烟即使遇上大风也聚而不散，扶摇直上，也能起到警示作用，称为狼烟。那时候没有更好的通信设备和技术，就靠烽火和狼烟报警，使戍边军卒在第一时间做好迎战准备，同时也让附近的百姓有所防范。这里的烽火、狼烟就是传递信息的媒介。

4. 依附性。信息只有依附于一定物质载体，才能产生和保存下来。依附载体有：表意性载体，如语言、文字、符号、形体、表情等；无形承载性物质载体，如声波、电磁波、网络等；有形承载性物质载体，如纸张、磁带、光盘等。例如我们可以从历史书上得到一些古代人物的信息，但书本身不是信息，而是信息的载体，我们只是从书中得到信息。

5. 存储性。信息本身不会因为被使用而消失。它可以被长期保存、重复使用、大量复制。例如我们可以把自己喜欢的电影、歌曲下载到移动硬盘中保存。

以上五个方面是信息的典型特征，除了以上五个典型特征外，信息还具备客观性、开发性、无限性、风险性等特征。

（三）信息的种类

信息的种类繁多（图 1–1–1），认识不同种类的信息及其特征，利于满足人们对不同信息的管理和利用。

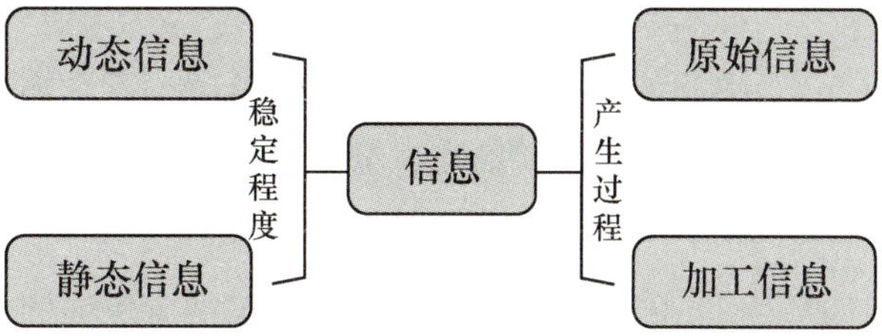

图 1–1–1　信息分类

1. 根据稳定程度，信息可以分为动态信息和静态信息。

（1）动态信息。指反映某项工作、活动的进程或某一事件发展变化情况的信息。动态信息的内容着重说明已经发生或正在发生的客观情况。它的内容以本地区最近发生的重大事件或正在进行的重大活动为主，例如，重要会议、重要科研成果、知名人物的主要活动，重大政治变动，以及社会各方面新情况、新变化。它的最典型特征是变化性、时效性。

（2）静态信息。指反映历史情况的比较稳定的信息资料，即用数字资料、文字描述来反映已经发生的各种状况。例如国家颁布的各项标准、企业的员工资料、历史文献资料。它的最典型特征是稳定性、长期性。

2. 根据性质，信息可以分为原始信息和加工信息。

（1）原始信息。又称一次信息，是指经济和社会活动中直接产生或人们直接获取的数据、概念、知识、经验、总结等，是没有经过加工的信息。原始信息可以反复利用，并可从各个角度进行分析，为决策和评估提供直接帮助。它的主要特点是具有实践性、经验性。

（2）加工信息。对原始信息进行分析、改编和重组后形成的具有新形式、新内容的信息。加工信息的过程需要对信息进行筛选和判别，在大量的原始信息中，不可避免地存在一些虚假信息和错误信息，只有通过认真地筛选和判别，才能防止鱼目混珠、真假混杂。它的主要特点是规律性、创造性。

（四）信息素养

信息素养是数字时代人的一种基本的生存技能，信息素养的本质是全球信息化需要人们具备的一种基本能力，主要包括：能够判断什么时候需要信息，并且懂得如何获取信息、如何评价和有效利用信息。

信息素养包含技术和人文两个层面的意义：从技术层面来讲，信息素养反映的是人们利用信息的意识和能力；从人文层面来讲，信息素养反映了人们面对信息的心理状态。信息素养主要体现在信息意识、信息知识、信息能力、信息道德等四个方面（图 1–1–2），直接关系到个人的生活和职业的发展。

1. 信息意识。指人们对各种自然现象，以及对社会产生的各种理论、观点、事物、现象从信息角度的理解、感受和评价能力。具体来说它包含了对于信息的感受力、注意力和对信息价值的判断力、洞察力。

2. 信息知识。指与信息有关的理论、知识和方法，包括信息理论知识与信息技术知识。

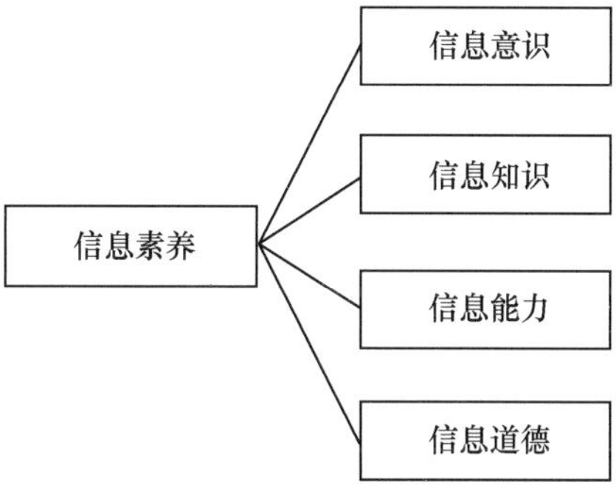

图 1–1–2　信息素养

3. 信息能力。也称为信息技能，主要表现在 8 个方面（图 1–1–3）。

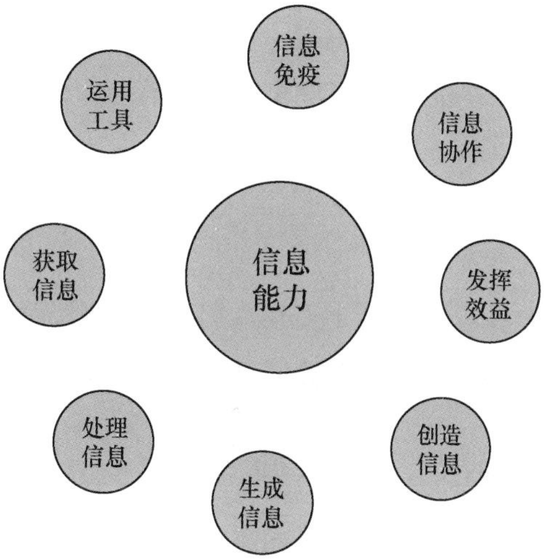

图 1–1–3　8 个方面信息能力

（1）运用工具。能熟练使用各种信息获取工具，特别是使用互联网。

（2）获取信息。能根据自己的学习目标有效地收集各种学习资料与信息，能熟练地运用阅读、访问、讨论、参观、实验、检索等获取信息的方法。

（3）处理信息。能对收集的信息进行归纳、分类、存储记忆、鉴别、遴选、分析综合、抽象概括、表达等。

（4）生成信息。在收集信息的基础上，能准确地概述、综合和表达所需要的信息，使之简洁明了，通俗流畅并且富有特色。

（5）创造信息。在收集信息的基础上，运用创造力，生成新信息的生长点，创造新信息，达到收集信息的终极目的。

（6）发挥效益。善于运用已有的信息解决问题，让信息发挥最大的社会效益和经济效益。

（7）信息协作。使信息和信息工具成为跨越时空的媒介，使之成为交往与合作的高效手段，从而同外界建立多种和谐的合作关系。

（8）信息免疫。面对庞杂且良莠不齐的各类信息，坚持正确的世界观、人生观、价值观，开展有效甄别，并通过自控和自我调节，自觉抵御和消除垃圾信息及有害信息的干扰和侵蚀。

4. 信息道德。在信息活动中应遵循的思想观念和行为准则，如保护知识产权、尊重个人隐私、抵制不良信息等。

二、信息需求

信息需求是指人们获取问题解决所需信息的要求。不同的信息需求，其所需要的信息内容和信息类型也不同。

（一）信息需求形式

1. 信息发布的需求

信息发布是指个人或组织向外界发布、传递信息，包括展示研究成果、发布业务信息、公布数据等。信息发布是在道德规范和法律制约下进行的，往往与发布者的业务活动有密切的联系。信息发布已经成为互联网用户需求的重要内容。

2. 信息交流的需求

信息交流是指不同个体之间的双向沟通。互联网和信息技术的迅速发展，消除了用户交往的物理空间界限，信息交流的需求日益增多。

3. 信息咨询的需求

伴随着互联网的发展，咨询以其特有的解决问题的方式，成为现代人工作和生活信息的重要获取渠道。互联网的普及为信息咨询的展开提供了新的便利条件。

（二）信息需求的确定

信息需求的确定，包括对信息内容和信息类型的确定。信息类型根据载体的不同主要分为：文本、数据、图像、声音和视频等。各种载体具有不同特点，对解决问题有不同的作用和效果。

确定信息需求需要根据主题确定信息内容和载体形式，并制成信息需求表。如：根据对“丹顶鹤之爱”宣传活动的信息需求分析，可以得到以下信息需求表（表 1-1-1）。

表 1-1-1 “丹顶鹤之爱”宣传活动信息需求表

<table>
<tr><th colspan="11">信息需求</th></tr>
<tr><th>信息对象</th><th>信息时间</th><th>信息渠道</th><th rowspan="3">信息内容</th><th colspan="7">信息载体</th></tr>
<tr><td rowspan="6">丹顶鹤保护</td><td rowspan="6">近10年</td><td rowspan="6">互联网</td><th colspan="3">文本</th><th rowspan="2">数据</th><th rowspan="2">图像</th><th rowspan="2">声音</th><th rowspan="2">视频</th></tr>
<tr><th>事实材料</th><th>观点</th><th>其他</th></tr>
<tr><td>丹顶鹤对生活环境的要求</td><td>√</td><td></td><td></td><td>√</td><td></td><td></td><td></td></tr>
<tr><td>丹顶鹤数量变化</td><td></td><td></td><td></td><td>√</td><td></td><td></td><td></td></tr>
<tr><td>丹顶鹤主要栖息规律</td><td></td><td></td><td></td><td></td><td></td><td></td><td>√</td></tr>
<tr><td>保护丹顶鹤的相关法律</td><td>√</td><td></td><td></td><td></td><td></td><td></td><td></td></tr>
</table>

（三）信息源

我们把产生信息的事物，即个体所获信息的来源，称为信息源。从自然界到人类社会，任何事物都可以产生信息，因此任何事物都可以作为信息源。

1. 信息源分类

信息源不仅包括各种信息载体，也包括各种信息机构；不仅包括传统印刷型资料，也包括现代电子图书和报刊；不仅包括各种信息储存和信息传递设备，也包括各种信息生产设备。随着科学技术的进步，信息源呈现多样化发展态势。

（1）按表现形式分类

按表现形式分类，信息源可分为非数字信息源和数字信息源两大类，分别见表 1–1–2 和表 1–1–3。

表 1–1–2　常见非数字信息源

信息源	形式	特点	图例
纸制信息源	图书	主要包括：教育及普及性图书，如教科书、科普读物等；工具性图书，如字典、手册、百科全书等；独创性专著。上述出版物都有书名、著者、编者、出版地、出版社、出版年份、版印次、国际标准书号等。主要用于系统地学习知识，了解某一领域的概要以及查找某一问题的具体答案	
	期刊	有固定名称，有卷、期号，按照一定周期连续出版。科技、学术类期刊是传递科技信息、交流学术思想最基本的文献形式。主要用于了解某学科的发展动态，学习专业知识，查找必要的参考文献。具有娱乐性、通俗性、新闻性的期刊主要用于了解流行文化的信息和观点，获取当前事件的实时信息，查找供某一领域非专业人士阅读的文章	

续表

信息源	形式	特点	图例
纸制信息源	报纸	时效性强。主要用于获取国际、国内和本地的最新消息以及了解社论、评论、专家或者大众的观点	
	论文单行本或合集	主要为科技和社科方面的研究和创新提供参考。获取途径为专门的数据库和图书馆	
	专利文献	主要由专利说明书构成。专利说明书是专利申请人向专利局递交的有关发明目的、构成和效果的技术文件，是经过专利局审核后向全世界发行的出版物	
	标准文献	记载在特定范围（领域）内必须执行或推荐执行的规格、规则、技术要求等规范，其中记载的强制执行标准具有约束力	

续表

信息源	形式	特点	图例
口头信息源	声音等	是沟通形式中最直接的方式，也是最容易丢失和忽略的信息源	
实物信息源	实物形象等	自然界中的各种事物、人类加工的产品和人工创造的物质都属于实物信息源	
智力信息源	记忆	主要指人脑存储的知识信息	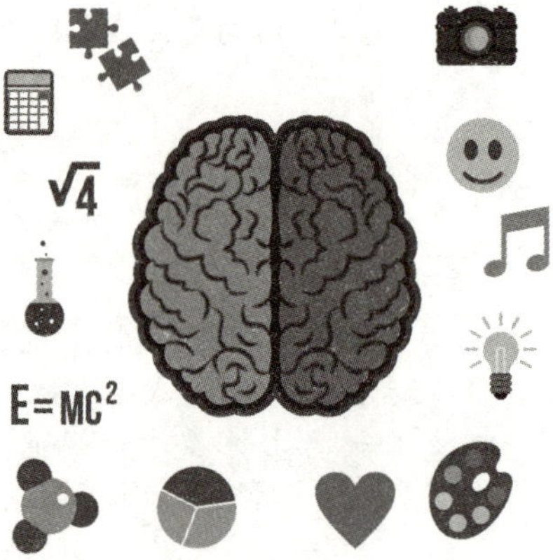

表 1-1-3 常见数字信息源

信息源	形式	特点	图例
单机信息源	U盘、光盘等	将文字、图片、视频、音频等转化成数字信号，记录在U盘、光盘等载体上，阅读时，由计算机将其转换为原形式并输出	
网络信息源	网页、博客、微博、微信公众号、电子杂志、在线数据库等	能够在线查询和修改其中的某些信息。在线数据库是网络信源的重要种类，可查信息种类繁多，例如期刊全文、电子图书、产品资料、公司名录、标准法规等。在线数据库可以用于科研和技术创新过程中开展资料查询、了解某一领域的研究现状、撰写文稿时进行数据核查等	

（2）按信息的可靠性分类

按信息的可靠性，信息源可分为正式记录的信息源和非正式记录的信息源，见表 1-1-4。

表 1-1-4 信息源按可靠性分类表

类型	特点	列举
正式记录的信息源	受到知识产权的保护，相对可靠	各种印刷品、缩微品、音像制品、机读载体的文档、资料或出版物。如正式出版的学术专著、期刊、工具书、索引文摘、光盘出版物等

续表

类型	特点	列举
非正式记录的信息源	流动性、随意性强，传递方式比较多样，信息质量难以保证，没有记录或没有正式记录	各种网络论坛、微博、网络会议、电子邮件、电话、口头交流等

（3）按产生的时间顺序分类

按产生的时间顺序，信息源可分为先导信息源、实时信息源、滞后信息源，见表 1–1–5。

表 1–1–5　信息源按产生的时间顺序分类表

类型	特点	列举
先导信息源	产生时间先于所反映的社会活动	天气预报、科学展望、市场预测
实时信息源	产生时间在所反映的社会活动过程中	实验记录、讲座或报告
滞后信息源	产生时间在所反映的社会活动完成之后	报纸、期刊、专利文献

2. 信息源选择方法

（1）根据时限区别选择信息源

要选择信息源，先要了解现实生活中有哪些可获得的信息源，明确不同的信息源所提供的信息在时效性、深度以及广度方面的区别。网页、报纸的时效性一般按日计，期刊一般按周或月计，图书、电子书一般按年计。各类文献数据库更新往往不定期，没有相对固定的时效性。

（2）根据信息需求选择信息源

对于获取一般性信息的需求，网页、报纸无疑是便捷的信息源。当需要了解事物更全面、更详细的介绍时，期刊或许是很好的选择。

若需要获取研究性信息，研究报告、专利、期刊、各类数据库、图书等就成为重要的选择。如图 1-1-4 所示。

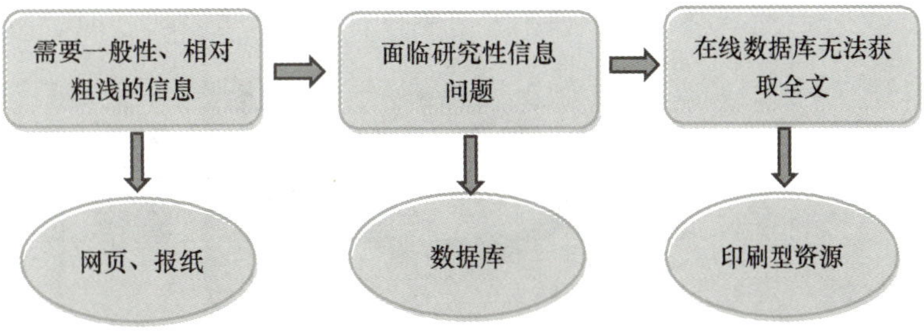

图 1-1-4　获取信息源思路

3. 信息源的检索渠道

不同的信息源，可按表 1-1-6 来确定检索渠道。

表 1-1-6　信息源的检索渠道

信息源	信息内容特点	检索渠道
网页、报纸	一般性信息，难以了解较深入的问题	搜索引擎、即时翻阅
纸质新闻类期刊	较强的报道性质	即时翻阅
纸质科技学术类期刊	详细、具有较强理论性	图书馆提供的联机公共类查询目录
图书	提供深入性分析资料，系统地编辑相关文章	图书馆提供的联机公共类查询目录
文献数据库	详细、具有理论结构	数据库运营商提供的检索平台及图书馆提供的数字资源平台

三、常用搜索引擎

我们利用网络查询信息资料的时候，如果知道具体的网址，搜索会很直接、方便。然而，更多的时候我们并不知道所需要的信息藏在哪个网站中，此时，搜索引擎就是我们查找网络资源的“探索器”。搜索引擎的基本原理如图 1-1-5 所示。

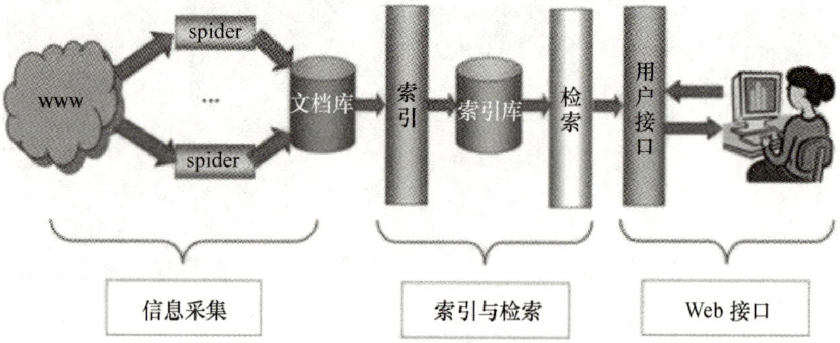

图 1-1-5　搜索引擎工作原理示意图

使用搜索程序（spider）搜索互联网，将互联网上分布的信息下载到本地文档库，然后对文档内容进行分析并建立索引。对于用户提出的查询提问，搜索引擎通过查找索引找出匹配的文档或链接，再返回给用户。

常见的搜索引擎有百度、搜狗、360、必应、爱问、有道等。各种搜索引擎之间的差异，主要表现在收录范围、性能效率以及检索手段的不同上，其搜索的功能和使用方法类同。本部分重点介绍百度和搜狗。

（一）百度搜索引擎

百度搜索引擎（www.baidu.com）拥有最大的中文信息库，是全球最大的中文搜索引擎。百度搜索引擎是综合性搜索引擎，搜索功能主要有网页搜索、图片搜索、视频搜索、新闻搜索、贴吧搜索、知道搜索、百科搜索、学术搜索、地图搜索等。

百度搜索引擎界面如图 1-1-6 所示。在搜索框内输入所需搜索内容，按下搜索按钮，搜索引擎即可自动进行联网搜索。例如，当在搜索框中输入“世界技能大赛”，按下搜索按钮后，即出现类似图 1-1-7 所示的搜索结果。百度搜索默认状态搜索的是相关的网页。

百度搜索还有专门的学术文献搜索功能“百度学术”（http://xueshu.baidu.com，图 1–1–8、图 1–1–9）。

图 1–1–6　百度网页搜索界面

图 1–1–7　百度网页搜索结果

图 1–1–8　百度学术搜索界面

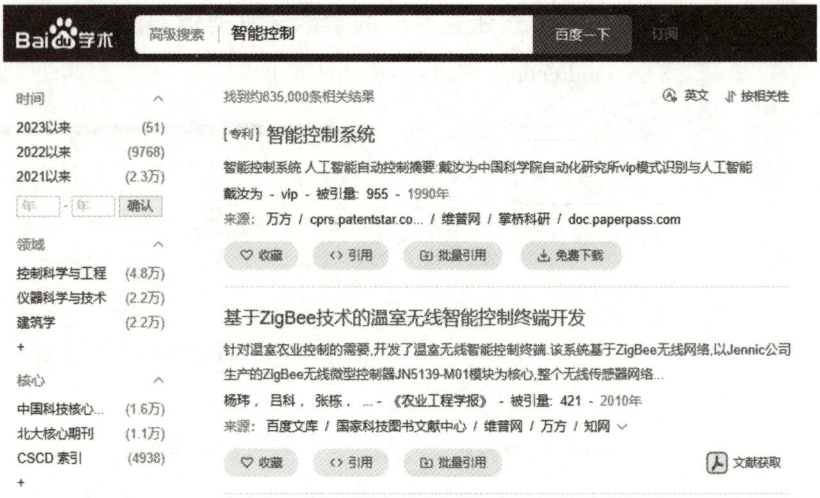

图 1-1-9　百度学术搜索

1. 百度的功能特点

（1）主要解决中文信息理解问题。百度搜索引擎基于字词结合的信息处理方式，极大地提高了搜索的准确性和查全率。百度搜索引擎支持 GBK（汉字内码扩展规范）、GB2312（简体）、BIG5（繁体）等主流的中文编码标准，并且能够在不同的编码之间转换。

（2）支持二次检索。利用百度搜索引擎，可以在上次检索结果中继续检索，逐步缩小查找范围，使检索结果范围更小、更准确。这样有利于用户更加方便地在海量信息中找到自己真正感兴趣的内容。

（3）具备相关检索词智能推荐功能。在用户第一次检索后，百度会提示相关的检索词，帮助用户查找更相关的结果。

（4）保持较快的响应速度。百度可以在 7 天之内完成网页的更新，其更新速度、数据量能满足用户绝大部分需求。

（5）支持多种检索式。合理使用搜索语法可使查询效率更高、结果更准确。百度搜索引擎支持“-”（NOT）、“site:”、“link:”等搜索语法。

2. 百度搜索说明

百度搜索引擎操作较为简单，仅需输入查询内容并按下回车键

（Enter），或用鼠标点击“百度一下”按钮，即可得到相关资料。输入的查询内容可以是一个或多个词语，甚至是一句话。例如可以输入“李白”“mp3 下载”“蓦然回首，那人却在，灯火阑珊处”等。

百度除了完成基本搜索之外，也支持使用搜索语法完成精确搜索。

3. 百度搜索结果显示

百度搜索会显示标题、来源、时间等结果，如图 1-1-10 所示。

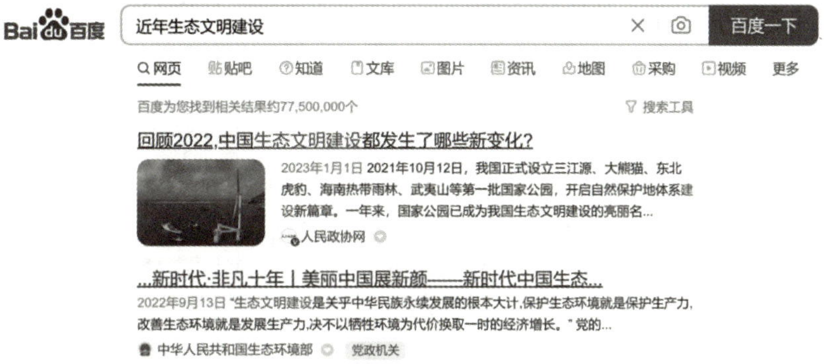

图 1-1-10　百度搜索的结果

（1）搜索框。显示用户输入的词语或语句。

（2）搜索结果统计。这是有关搜索结果数量等信息的统计。

（3）搜索工具。这里可以对搜索结果进行二次筛选，选择结果的时间、格式和来源网站。

（4）网页标题。这是搜索结果所在网页的标题，点击标题可直达该网页。

（5）网页来源。这是搜索结果所在网页的来源网站。

（6）网页时间。这是搜索结果所在网页生成的时间。

（7）网页简介。通常是搜索结果所在网页开始部分的摘要。其中，用户输入的搜索词语会高亮显示，以便阅读。

（8）相关搜索。百度搜索引擎会为用户提供其他用户搜索过的相关搜索词语作参考。用户点击其中一个相关搜索词语，都能得到相应的搜索结果。

（9）聚类结果。为了便于用户阅读更多网站的内容，百度搜索引擎自动为用户做聚类，每个网站（或频道）只显示一条最相关网页的信息。点击链接，可查看该网站（或频道）内更多的相关网页。

（二）搜狗搜索引擎

搜狗搜索引擎（www.sogou.com，图 1-1-11）是搜狐公司推出的中文搜索引擎。对中文互联网信息的深度挖掘是它的显著特色。该搜索引擎功能多样，简单易操作，已经成为常用的引擎之一。

图 1-1-11 搜狗搜索界面

1. 搜狗的功能特点

（1）能满足用户的日常需求。搜狗能完成音乐、图片、新闻视频、地图等多类型搜索。其中，音乐搜索歌曲和歌词数据覆盖率高，图片搜索有独特的组图浏览功能，地图搜索具备路书功能。

（2）分类聚类。搜狗通过人工智能技术分析和理解用户可能的查询意图，对不同的搜索结果进行分类，对相同的搜索结果进行聚类，在用户查询和搜索引擎返回结果的过程中，引导用户更快速准确地定位自己所关注的内容。该技术全面应用于搜狗网页搜索、音乐搜索、图片搜索、新闻搜索、地图搜索等服务中。

（3）桌面应用产品众多。主要包括搜狗拼音输入法、搜狗浏览器等。搜狗拼音输入法利用搜狗搜索引擎，通过对海量互联网页面的统计和对互联网上新词、热词的分析，使首选词准确率（即候选的第一个词就是要输入的词的比例）在各种输入法中位列前茅。搜狗浏览器还提供用户地址栏搜索、文本划词搜索等衔接搜索方式。

（4）搜狗能完成微信公众号文章的搜索（weixin.sogou.com，图 1-1-12）。搜狗搜索引擎支持对微信公众号、公众号内文章的搜索。

图 1-1-12 搜狗微信搜索

（5）支持语音搜索。搜狗的语音搜索引擎——知音，具有较强的语音输入文字识别能力。

2. 搜狗搜索说明

搜狗的普通搜索与百度相似，也支持使用搜索语法的精确搜索。

3. 搜狗搜索结果显示

搜狗搜索结果显示与百度类似，也都含有标题、来源、时间等信息，也会聚类相关联的网站（图 1-1-13）。

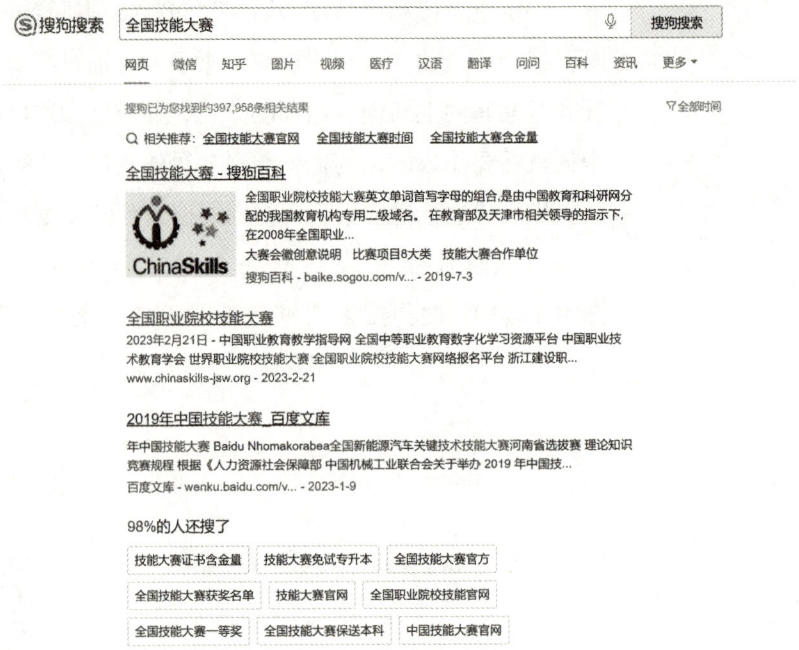

图 1-1-13 搜狗搜索结果显示

（三）专用搜索引擎

互联网是个庞大的信息海洋，各种各样的信息资源应有尽有。上文介绍的综合型搜索引擎对于查找一般的信息资源已基本够用，但如果用户意图明确，例如想查找餐饮、出行、求职、地图等特定类型的资料，就可以使用专用的搜索引擎以提高效率。专用搜索引擎专业收集某一类的信息资源，内容丰富，数据量大，能帮助人们迅速找到一些专门的信息。下面列举了一些常用的专用搜索引擎。

1. 生活服务类

大众点评：www.dianping.com

58 同城：quanguo.58.com

携程旅行：www.ctrip.com

2. 求职类

猎聘：www.liepin.com

前程无忧：www.51job.com

智联招聘：www.zhaopin.com

3. 学术信息类

万方数据：www.wanfangdata.com.cn

维普网：www.cqvip.com

四、信息检索方法和技巧

当我们使用搜索引擎时，如何才能在信息海洋中更精准地找到有用的资料？怎样过滤掉不需要的网页？如果我们想搜索特定的网页该怎么操作呢？这些问题是我们在运用搜索引擎过程中会经常遇到的。那么，掌握一些必要的使用技巧，或许能帮我们解决燃眉之急。

（一）检索词的选择与组织

检索时所使用的词语、短语称为检索词。在信息检索过程中，要得到满意的检索结果，确定检索词是关键，检索词要根据需检索的内容进行选择，要求尽量准确全面。检索词的选定通常可根据检索的主题，经过切分、删除、补充的方法确定。

1. 切分

切分是指对短语以词为单位进行切分，转换为检索的最小单元。但是，检索时并不一定用切分后的单一词，也可以多个词组合使用。

例如“第五届全省技能大赛工业机械装调竞赛项目”可以切分为：第五届 | 全省 | 技能大赛 | 工业机械装调 | 竞赛 | 项目 |。

2. 删除

删除是指对不具有检索意义的词进行删除。

例如“小刚很想了解关于工匠精神与技能大赛方面的资料”删除后变为：工匠精神 | 技能大赛。

3. 补充

补充是指补充还原词组、同义词、近义词，以避免检索过程中的漏检。

例如当需要检索“往届省技能大赛冠军的图片资料”时，可补充

“第三届”“第四届”等。

4. 扩展

扩展是指对搜索词语的语义进行扩展，从而提高搜索效率。常见方式是通过增加词项使搜索更精确。

例如，想了解怎样高效使用搜索引擎，若输入“搜索引擎技巧”，会出现不少有关搜索引擎开发方面技巧的介绍，降低我们获取有用信息的效率。考虑到我们专注于搜索引擎的使用，可以尝试输入“搜索引擎使用技巧”；又考虑到掌握使用技巧是为提高搜索效率，我们可以尝试输入“搜索引擎使用效率”。通过这样增加词项、扩展语义，可以使我们更迅速地获得自己需要的搜索结果。

（二）检索式的运用

检索式是检索者向计算机发布的指令。检索式一般由检索词和符号或缩略词组成。常用的检索式有以下几种：

1. 排除含有某一检索词的结果

当需要检索结果中包含检索词 A 但不包含检索词 B 的记录时，可使用带“NOT”或“-”的检索式，它可以从检索范围中排除含有 B 的结果。检索式写法为：检索词 A NOT 检索词 B 或检索词 A- 检索词 B。

例如，要搜索技能大赛冠军中不包括宋彪的其他选手的资料，那么我们先要确定检索词为“技能大赛冠军”“宋彪”，然后确定检索式为“技能大赛冠军 -宋彪”。这样检索得出的就是除了宋彪之外的其他冠军的资料（图 1-1-14）。值得注意的是，“-”前要加空格。

2. 在指定网站中检索

若只想在某个网站搜索检索词，那可以在这个检索词后面加上“site:”，然后再加上网址。

例如，需要在人力资源社会保障部官网（www.mohrss.gov.cn）中检索技能大赛的信息，可以在搜索引擎中输入“技能大赛 site：www.mohrss.gov.cn”（图 1-1-15）。

图 1-1-14　带“-”或“NOT”的检索式运用

图 1-1-15　带“site:”的检索式运用

3. 搜索网址含有检索词的网页

当需要检索词出现在网址中时，可使用带 inurl 的检索式。检索式写法为：在检索词前加上“inurl:”，其中冒号“:”要用英文半角，后面不加空格。如果有 2 个以上的检索词，可以在所有词最前面加上“allinurl:”。

例如，需要搜索政府网站中与社会保障有关的网页时，可在搜索引擎中输入：“inurl:gov 社会保障”（图 1–1–16）。

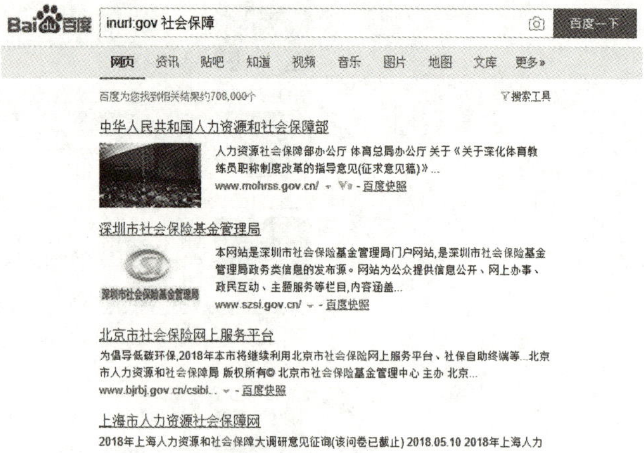

图 1–1–16　带“inurl:gov”的检索式运用

4. 搜索含有完整检索词的网页

当需要搜索含有完整检索词的网页时，可使用带双引号的检索式。检索式的写法为：在检索词外加上双引号。

例如，搜索含有“技能大赛”，而不是分别带有“技能”和“大赛”的网页，可以在搜索引擎中输入：“技能大赛”（图 1–1–17）。

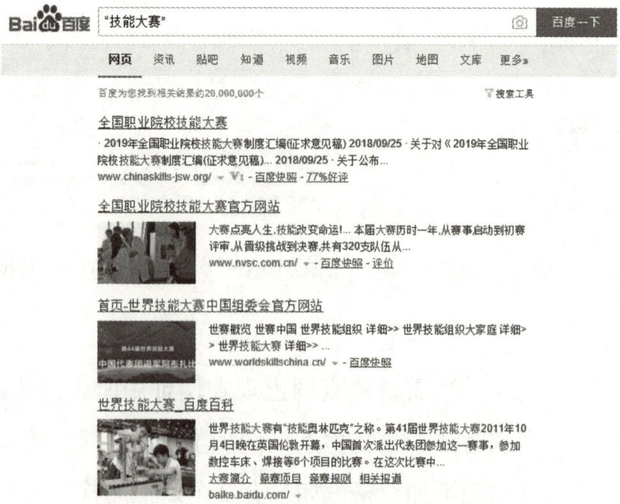

图 1–1–17　带双引号的检索式运用

（三）图片搜索

有时候我们对所要查找的资源所知有限，而手中的相关资料只有图片，如果想知道某幅图片的来源和相关信息，或者想要找到与之相似的图片，应该怎样运用搜索引擎来获得呢？

这里以搜索如图 1–1–18 所示图片的来源和相关信息为例介绍有关方法。

图 1–1–18　搜索图片来源和信息样例

1. 打开搜索页面

打开搜索页面（例如百度搜索页面），找到搜索栏中的小相机图标（图 1–1–19），点击它就会看到选择上传图片的页面。

图 1–1–19　打开搜索页面

2. 上传图片

在上传图片的页面选择上传自己想要获取信息的图片，如图 1-1-20 所示。也可以直接拖拽到如图 1-1-21 所示位置。

图 1-1-20　点击上传图片

图 1-1-21　拖拽上传图片

3. 查看搜索结果

搜索结果页面显示与上传图片相似的图片和来源等信息，如图 1-1-22 所示，可以点击查看详细信息。

图 1-1-22　图片搜索结果

实训活动

活动描述

李华要完成一次社会调研，需要查询我国 14~19 岁的学生（含初中、普通高中、职业院校和技工院校学生）中，获得过国家级体育竞技比赛一等奖的人数，以及分别来自哪些地区。请你利用搜索引擎帮助李华完成信息检索工作。

活动实施

1. 全班分成若干组，完成下列活动内容，把搜索到的结果做成相关文字资料。

2. 从各组接受任务开始计时，最先正确完成任务的组为优胜组。

3. 小组组长代表本组成员向全班做本组总结。

活动评价

评价项目		权重	互评	师评
检索词的确定（60分）	人数准确性	10分		
	来自区域准确性	10分		
	检索词选用	20分		
	检索式选用	20分		
当众表达（40分）	语言流畅	20分		
	阐述清晰有条理	20分		

第二课　检索专业类信息

学习目标

1. 能利用互联网上的专门平台和数据库检索法律法规、专利、论文和图书信息。
2. 能通过检索专业类信息解决学习和工作中的问题。

翻转课堂

本课导读

- 检索专业类信息
  - 检索专业信息的过程
  - 法律法规信息检索
  - 专利信息检索
  - 论文、图书信息检索
    - 论文查找途径
    - 图书查找途径

应届毕业生小王去某知名广告公司应聘，主考官的一个专业问题难住了他："请你从法律规范和要求方面谈一谈设置户外广告有哪些注意事项。"小王对与广告相关的法律法规只是粗略知道，这个问题把小王给难住了，只得硬着头皮说不知道。面试结束后小王就开始"恶补"与广告相关的法律法规知识。

想一想

如果你是小王，你该怎样补习相关知识呢？

一、检索专业信息的过程

我们在学习和工作中，需要掌握法律法规、专利、论文、图书等专业类信息的检索途径和方法，以便更好地满足职业发展需求。在获取法律法规、专利、论文、图书等信息的时候，我们需要先确定信息需求，选择合适的信息源，确定检索的渠道，最后获取所需信息，过程简述如下：

确定信息需求→选择信息源→确定检索渠道→获取信息

这里以一个检索法律信息的案例来展示检索过程。

某技师学院毕业的张某2016年8月1日入职A公司，担任技术员。双方当时签订了为期3年的劳动合同，并在2019年8月1日又续签了3年。由于张某工作努力、技术娴熟，2022年8月1日A公司打算再与他续签3年劳动合同。这时张某提出要签无固定期限劳动合同，公司不同意，称只能续签3年期的劳动合同，否则就不再续签。双方协商不成，张某向当地劳动人事争议仲裁委员会提出仲裁申请，要求该公司与自己续签无固定期限劳动合同。经审理，劳动人事争议仲裁委员会依法作出裁决，支持了张某的诉求。

劳动人事争议仲裁委员会为什么会支持张某的诉求呢？张某需要了解哪些法律知识呢？他可以通过哪些途径来满足自己的信息需求呢？首先，他要根据自身的意愿，确定信息需求，然后根据信息需求选择实用的信息源，确定检索渠道，最终获取有效的信息。

第一步，确定自己的信息需求（表 1-2-1）。

表 1-2-1　信息需求表

信息对象	信息时间	信息渠道	信息内容	信息载体						
				文本			数据	图	声音	视频
				事实材料	观点	其他				
劳动合同法、诉求申请书	2022 年	互联网	劳动合同法	√			√			
			诉求内容	√	√		√			
			诉求程序	√	√		√			
			诉求部门	√	√		√	√		
			《劳动人事争议仲裁申请书》的写法	√	√					

第二步，通过互联网查阅《中华人民共和国劳动合同法》的相关内容：

根据《中华人民共和国劳动合同法》的规定，用人单位在与劳动者连续订立了两次固定期限劳动合同后，若劳动者无本法中规定的特定情形，只要劳动者提出续订无固定期限劳动合同，就应当依法续订无固定期限劳动合同。

第三步，通过互联网查阅《中华人民共和国劳动法》《中华人民共和国劳动争议调解仲裁法》，可知实现诉求的途径——向劳动人事争议仲裁委员会申请仲裁。

第四步，通过地方人力资源和社会保障行政部门官方网站了解申请劳动人事争议仲裁流程（图 1–2–1）。

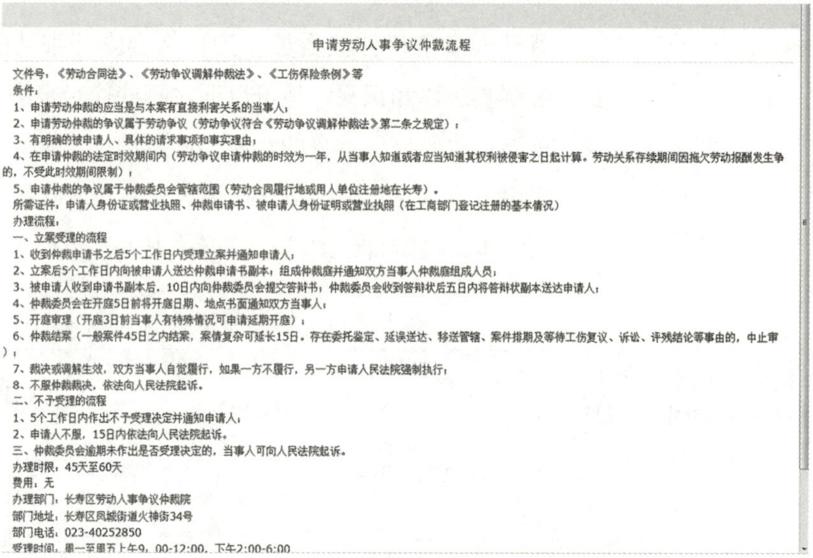
申请劳动人事争议仲裁流程

文件号：《劳动合同法》、《劳动争议调解仲裁法》、《工伤保险条例》等
条件：
1、申请劳动仲裁的应当是与本案有直接利害关系的当事人；
2、申请劳动仲裁的争议属于劳动争议（劳动争议符合《劳动争议调解仲裁法》第二条之规定）；
3、有明确的被申请人、具体的请求事项和事实理由；
4、在申请仲裁的法定时效期间内（劳动争议申请仲裁的时效为一年，从当事人知道或者应当知道其权利被侵害之日起计算。劳动关系存续期间因拖欠劳动报酬发生争的，不受此时效期间限制）；
5、申请仲裁的争议属于仲裁委员会管辖范围（劳动合同履行地或用人单位注册地在长寿）。
所需证件：申请人身份证或营业执照、仲裁申请书、被申请人身份证明或营业执照（在工商部门登记注册的基本情况）
办理流程：
一、立案受理的流程
1、收到仲裁申请书之后5个工作日内受理立案并通知申请人；
2、立案后5个工作日内向被申请人送达仲裁申请书副本；组成仲裁庭并通知双方当事人仲裁庭组成人员；
3、被申请人收到申请书副本后，10日内向仲裁委员会提交答辩书；仲裁委员会收到答辩状后五日内将答辩状副本送达申请人；
4、仲裁委员会在开庭5日前将开庭日期、地点书面通知双方当事人；
5、开庭审理（开庭3日前当事人有特殊情况可申请延期开庭）；
6、仲裁结案（一般案件45日之内结案，案情复杂可延长15日。存在委托鉴定、延误送达、移送管辖、案件排期及等待工伤复议、诉讼、评残结论等事由的，中止审）；
7、裁决或调解生效，双方当事人自觉履行，如果一方不履行，另一方申请人民法院强制执行；
8、不服仲裁裁决，依法向人民法院起诉。
二、不予受理的流程
1、5个工作日内作出不予受理决定并通知申请人；
2、申请人不服，15日内依法向人民法院起诉。
三、仲裁委员会逾期未作出是否受理决定的，当事人可向人民法院起诉。
办理时限：45天至60天
费用：无
办理部门：长寿区劳动人事争议仲裁院
部门地址：长寿区凤城街道火神街34号
部门电话：023-40252850
受理时间：周一至周五上午9：00-12:00，下午2:00-6:00

图 1–2–1　地方人力资源和社会保障行政部门官方网站上显示的申请劳动人事争议仲裁流程

第五步，通过搜索，从地方人力资源和社会保障行政部门官方网站中找到《劳动人事争议仲裁申请书》的参考样式，随即根据自己的情况写好申请书。

最后，张某申请仲裁，维护了自己的合法权益。

可见，专业信息的有效检索对我们的生活、工作有很大帮助。那么，常见的法律法规、专利、论文、图书网站有哪些呢？

二、法律法规信息检索

在互联网上检索法律法规信息，既可以利用“度小法”“百度文库”“百度百科”“搜狗百科”这样的综合性搜索引擎提供的知识平台，也可以利用有关政府部门网站（图 1–2–2），还可以利用常见的法律法规专业查询网站。这里介绍三种常见法律法规专业查询网站。

图 1-2-2　人力资源社会保障部网站上的法律法规

1. 法律图书馆网

法律图书馆网（www.law-lib.com，图 1-2-3）是一个综合性的法律门户网站，法律图书馆网开设了新法规速递、论文资料库、网上书店、法治动态、律师黄页、裁判文书、法律书摘等栏目。

图 1-2-3　法律图书馆网首页

例如“新法规速递”栏目（图 1-2-4），将法律法规进行划分，展示最新的国家法律法规、地方性法规。点击每种法律法规后，都能看到颁布单位、颁布时间等信息。我们可以在网站主页进行关键词搜索，查找所需的法律法规。

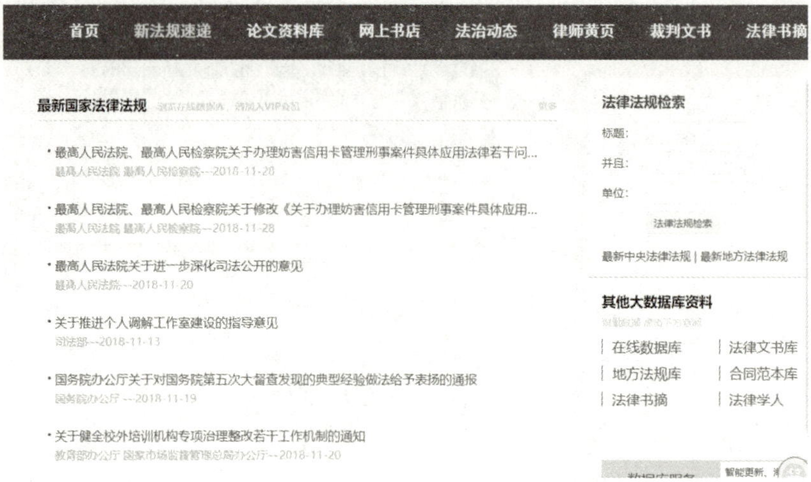

图 1-2-4 “新法规速递”栏目

2. 北大法律信息网

北大法律信息网（www.chinalawinfo.com，图 1-2-5）依托北京大学法学院的学科优势，注重网站内容的广度和深度，体现了法律知识的专业性、系统性，关注技术革新和研发，关注用户体验。北大法律信息网的主要栏目包括法律法规、司法案例、法学期刊、英文译本、公检法司、法制中心、法官培训、律所实务等。

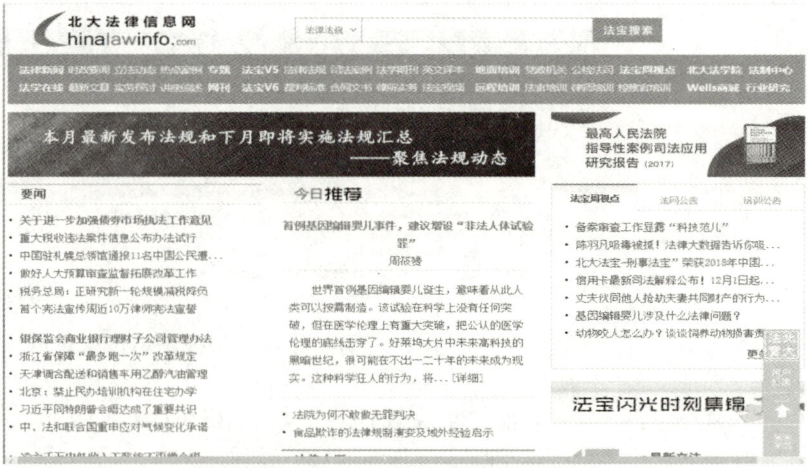

图 1-2-5 北大法律信息网首页

三、专利信息检索

企业在经营发展中往往需要进行各种专利信息检索：为了避免侵权要进行专利检索；在技术引进和产品出口中要进行专利检索；为了了解竞争对手的经营及技术水平要进行专利检索；为了自身的长远发展，企业往往要制定专利战略，这时也需要详细查找与企业经营或产品有关的各种专利。可以说专利检索无处不在，无时不需。

常见的专利查询网站有以下两个。

1. 中国及多国专利审查信息查询

中国及多国专利审查信息查询（cpquery.sipo.gov.cn，图 1-2-6）是由国家知识产权局支持建立的政府网站，提供多种语言入口。

图 1-2-6　中国及多国专利审查信息查询系统首页

2. 中国专利信息网

中国专利信息网（www.patent.com.cn，图 1-2-7）由国家知识产权局专利检索咨询中心主办，向社会公众提供专利信息服务。该网站具有中国专利文摘检索、中国专利英文文摘检索以及独有特色的中文专利全文打包下载功能。网站向社会公众提供网上检索、网上咨询、论坛交流、公众自我宣传、邮件管理等服务，是提供专利信息综合性服务的网络平台。

该网站的服务项目除了常规的查新检索、专题检索、授权专利检索、法律状态检索、同族专利检索、跟踪检索和国际联机检索外，还包括专利预警分析服务项目。

图 1-2-7　中国专利信息网首页

除了运用网络进行查询外，我们还可以通过《中国专利公报》《发明专利公报》《实用新型专利公报》《外观设计专利公报》和《中国专利索引》等文献进行专利检索。

四、论文、图书信息检索

在学习和工作中，我们都需要查找一些专业的论文与书籍，若使用搜索引擎泛泛地查找，往往效果不佳，一般难以找到文献原文。因此，掌握专业论文及图书资料收集的各类数据库就变得至关重要。在实际工作中我们可以根据检索的要求和现有的条件综合运用多种途径查找相关信息。

（一）论文查找途径

1. 万方数据知识服务平台

万方数据（www.wanfangdocta.com.cn，图 1-2-8）是涵盖期刊、会议纪要、论文、学术成果、学术会议论文的大型网络数据库，其可以查找论文的数据库有中国学位论文全文数据库、会议全文数据库和中国学术期刊全文数据库。

图 1-2-8　万方数据知识服务平台首页

中国学位论文全文数据库收录始于 1980 年，涵盖理学、工业技术、人文科学、社会科学、医药卫生、农业科学、交通运输、航空航天和环境科学等各学科领域。

中国学术会议文献数据库的资源包括中文会议和外文会议，中文会议收录始于 1982 年，年收集约 2 000 个重要学术会议，年增 10 万篇论文。外文会议收录了 1985 年以来世界各主要学会和协会、出版机构出版的学术会议论文共计 1 100 万篇全文（截至 2022 年底）。

中国学术期刊数据库收录始于 1998 年。截至 2022 年底，包含 8 000 余种期刊，其中核心期刊 3 300 种，涵盖自然科学、工程技术、医药卫生、农业科学、哲学政法、社会科学、科教文艺等各个学科。

2. 维普网期刊大全

维普网期刊大全（www.cqvip.com/qikan/，图 1-2-9），汇集医药卫生、工业技术、自然科学、农业科学和社会科学等领域的权威期刊，可提供各种期刊的相关信息和期刊文章在线阅读。期刊大全页面分别提供了如下的期刊检索入口：

（1）按期刊名汉语拼音字母查找。

（2）按学科分类导航（医药卫生、电气工程、矿业工程、文化科学等）。

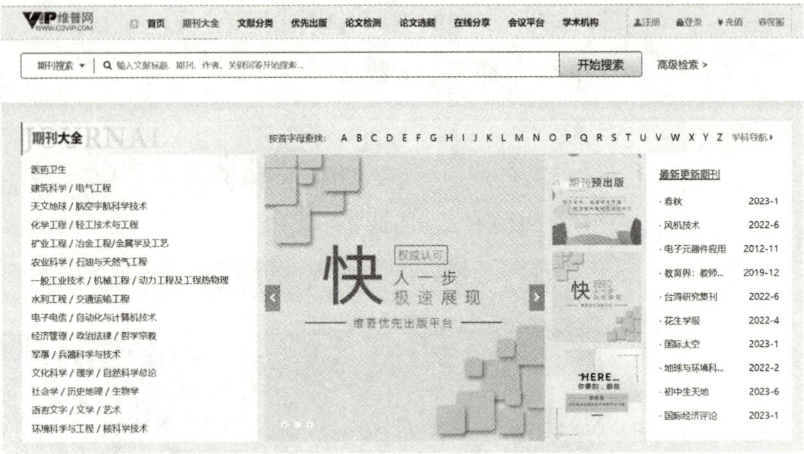

图 1-2-9　维普网期刊大全页面

（3）期刊搜索栏。

通过上面这些检索方式，用户可以方便且准确地找到目标期刊。

3. 中国知网

中国知网（www.cnki.net）由清华大学、清华同方发起，始建于 1999 年，其概念来源于中国知识基础设施工程（China National Knowledge Infrastructure，CNKI）。中国知网提供中国学术文献、外文文献、学位论文、报纸、会议、年鉴、工具书等各类资源统一检索、统一导航、在线阅读和下载服务。中国知网的数据库包括中国学术期刊（网络版）、中国优秀硕士学位论文全文数据库、中国博士学位论文全文数据库、中国重要会议论文全文数据库等。

（1）中国学术期刊（网络版）

该库是连续动态更新的中文学术期刊全文数据库，内容覆盖自然科学、工程技术、农业、哲学、医学、人文社会科学等各个领域。截至 2022 年底，收录国内学术期刊 8 500 余种，全文文献总量约 6 080 万篇。

（2）中国优秀硕士学位论文全文数据库

截至 2022 年底，该库收录了 1984 年至今全国 790 余家硕士培养单位的优秀硕士学位论文 540 余万篇。内容包括基础科学、工程技术、农业、哲学、医学、人文、社会科学等各个领域。

（3）中国博士学位论文全文数据库

中国博士学位论文全文数据库覆盖基础科学、工程技术、农业、医学、哲学、人文、社会科学等各个领域。截至 2022 年底，收录来自 520 余家培养单位的博士学位论文 50 余万篇。

（4）中国重要会议论文全文数据库

中国重要会议论文全文数据库重点收录 1999 年以来，中国科协系统及国家二级以上的学会、协会，高校、科研院所，政府机关举办的重要会议以及在国内召开的国际会议上发表的文献，部分重点会议文献回溯至 1953 年。

（二）图书查找途径

数字图书馆是用数字技术处理和存储各种文献（含图文等）的信息系统。通俗地说，数字图书馆就是虚拟的、没有围墙的图书馆，是基于网络环境下共建共享的可扩展的知识网络系统，是超大规模的、分布式的、便于使用的、没有时空限制的，可以实现跨库无缝链接与智能检索的知识中心。

1. 超星数字图书馆

超星数字图书馆（图 1–2–10）提供大量电子图书资源以供阅读，其中包括文学、经济、计算机等 50 余个大类。超星数字图书馆成立于 1993 年，是国内专业的数字图书馆解决方案提供商和数字图书资源供应商。截至 2022 年底，超星数字图书馆拥有数字图书 80 多万种，涉及哲学、宗教、社科总论、经典理论、民族学、经济学、自然科学总论、计算机等各个学科门类。

2. 中国数字图书馆

中国数字图书馆（图 1–2–11）是以国家数字图书馆工程为基础，充分依托中国国家图书馆丰富的馆藏资源和国家数字图书馆工程资源建设联盟成员的特色资源，借助遍布全国的信息组织与服务网络建立起来的大规模数字图书馆。其内容覆盖经济、文学、计算机技术、历史、医药卫生、工业、农业、军事、法律等门类。

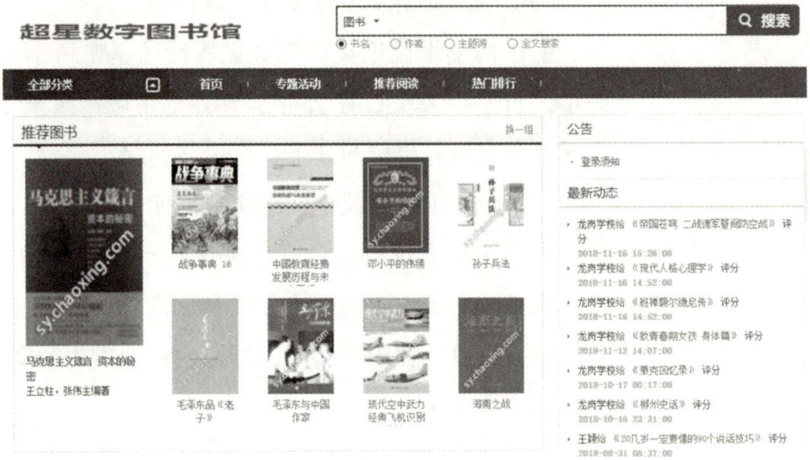

图 1-2-10　超星数字图书馆

图 1-2-11　中国数字图书馆

3. 购书网站

购书网站一般为用户提供图书资料搜索功能，读者可以按照书名、作者、出版社、关键词、分类号查询。找到书籍后，读者可以直接在网上完成购买图书的过程。除了购买图书，购书网站还提供诸如最新图书介绍、读书俱乐部活动、销售排行榜等信息服务。因此，购书网站是读者查找图书信息的一个非常便捷的信息源。常见的购书网站有当当网、京东、天猫书城等。

实训活动

活动描述

刚刚入职的小李接到领导任务，要求把广告、家电、房地产和汽车行业的一些相关法律法规进行收集整理，并且把每个行业发展的概况和相关案例整理成演示文稿。

活动实施

分组完成如下内容：

1. 查找、收集并整理广告行业相关法律法规。
2. 查找、收集并整理家电行业相关法律法规。
3. 查找、收集并整理房地产行业相关法律法规。
4. 查找、收集并整理汽车行业相关法律法规。
5. 补充行业发展概况及趋势的相关信息或相关案例，制作成演示文稿。各小组派代表上台汇报。

活动评价

1. 教师对各小组整理的行业法律法规内容进行评价。
2. 教师对各小组团队合作精神进行评价。
3. 教师对各小组汇总的相关案例以及汇报现场情况做评价。

综合实践活动

走进图书馆

【活动导入】

古代世界的七大奇迹中有一个位于亚历山大。法罗斯岛上耸立着一座巨大的灯塔，其122米高的塔楼顶端是永不熄灭的火焰，在48公里外的海面仍可见由金属镜反射的火焰光芒。列举了七大奇迹的古希腊诗人和历史学家都非常清楚地知道亚历山大图书馆的存在，但是他们并没有平等地把它与他们纪念的七项人类宏伟成就相提并论。与古巴比伦空中花园或埃及的金字塔相比，亚历山大图书馆并没有展现更多的想象力。对一位诗人或历史学家来说，把世界上的文献著作聚集于一地可能是一项了不起的成就；但是对它的读者来说，亚历山大图书馆只不过是一个巨大的卷轴库。如果亚历山大图书馆展示了人类超越时间约束的能力，那么灯塔则象征着人类征服了黑夜和距离。二者都是人类跨越时空的成就的纪念碑，都激励了后世。亚历山大的图书管理员从已知的世界中收集书籍。他们获取了希腊文献，埃及人、犹太人和波斯人的著作。如果他们知道中国的话——在中国，汉武帝正在为皇家图书馆四处收集经典著作——他们肯定会派出特使搜寻儒家经典。

从那时起，人们的文学创作一直有增无减，无数文学语言和文化著作涌现出来。世界各地的图书馆都承担起亚历山大图书馆的任务——收集和保存世界文学遗产。但它们未来的角色很可能更像亚历山大港灯塔——指引它们的读者在日益影响其生活的信息海洋中远航。

（弗雷德·勒纳《图书馆的故事》后记节选）

图书馆是社会的产物，进入数字化的时代，随着计算机技术和网络的全面普及，人类传递信息、获取信息、交流信息的方式发生了重大改变。图书馆从传统纸质模式向数字模式转变，成为21世纪图书馆发展的必然趋势。数字图书馆已成为评价一个国家信息基础设施水平的重要标志。

【活动要求】

1. 活动场地和器材

场地：学校图书馆。

器材：计算机、笔记本、笔。

2. 分组要求：每组5人，分成若干小组。

3. 活动时间：80分钟。

【活动目标】

1. 在图书馆内完成信息的收集和整理。

2. 在图书馆完成论文、图书、法律法规、专利的查询。

3. 通过收集资料的亲身体验，掌握并形成较强的运用图书馆独立撰写读书卡的能力。

【活动指导】

1. 明确本次活动的目标，分配活动任务并确定实施方案。

2. 联系图书馆相关人员完成活动接洽事宜。

3. 组织小组成员完成活动汇报。

【活动过程】

1. 教师带领学生进入本校图书馆，讲解图书馆的相关规定和注意事项。

2. 了解图书的分类，把全班分成 5 人一组的若干检索小组。

3. 分配任务。

任务一：论文检索。以组为单位检索 2020—2022 年关于“职业（技工）院校学生职业素养”的相关论文，并填写论文检索汇总表。

论文名称	来源	作者	发表时间	摘要	关键词

任务二：图书检索。以小组为单位检索 2000—2022 年关于“职业（技工）院校学生职业素养”的相关图书，并填写图书检索汇总表。

图书名称	出版社	作者	出版时间	主要内容

任务三：法律法规检索。以小组为单位检索我国关于土地管理的相关法律法规，并填写土地管理的相关法律法规汇总表。

名称	公布时间	颁布机关	修订情况	主要内容

任务四：专利信息检索。以小组为单位，利用专利检索工具检索“大学生创新作品”的相关专利，并填写专利信息汇总表。

专利号	申请日	发明人	发明名称	摘要

【活动展示】

1. 小组分别展示本组的实施方案以及执行过程。

2. 小组将本组的检索结果做成演示文稿并完成展示。

【活动小结】

1. 各小组制作“我家的藏书”或“我最喜欢的图书馆”为主题的手抄报，在本班学习园地展示。

2. 每人撰写本次活动的心得体会。

第二单元

处理信息

单元提示

随着互联网和智能手机的普及，信息爆发已成为当今社会的一个重要特征。人们能够更加便捷地获取各种资源，包括书籍、视频、音频等。这些资源和机会可以让人们更好地了解世界、拓宽视野、提高技能，同时也意味着人们需要更加努力地获取信息，才能实现自我发展和自我提升，成为更加优秀的人。为了更好地理解和交流信息，尤其是大量的数据信息，我们应能够对其进行有效处理和分析，并从中发现有价值信息，最终将处理后的信息以直观简洁的方式呈现出来。

面对开放的信息，我们该如何正确使用媒体，获得信息？如何及时获得规范、正确的信息？首先，我们应保留有用信息，删去错误和虚假的信息。对于数据信息，这一过程被称为数据预处理，即通过删除重复数据、统一格式，查找异常值等方法整理原始数据，从而达到提高信息数据的质量的目的。此后，我们需要对预处理后的信息进行分析加工，总结提炼关键信息，得到所需结论。最后，将处理后的信息以图像、音频、视频等多种形式展示出来，让人们更好地理解和了解信息，并且为信息的传播和共享提供便利。

在数字时代，正确处理和有效展示信息是我们每个人必备的技能。本单元主要学习信息分析判断方法与技能，即按照有效的标准、程序来对信息进行筛选、校核，提取真实有用的信息，并在此基础上，进行信息展示，从而达到有效传递信息的目的。

第一课　评价和选择信息

学习目标

1. 能从可靠性、时效性、准确性、完整性等方面，对收集到的信息进行初步评价。
2. 能运用查重法、时序法、类比法、评估法选择信息。
3. 能运用溯源、比较、逻辑、调查、定量分析等方法，对信息进行校核。

翻转课堂

本课导读

- 评价和选择信息
  - 信息评价
    - 信息的可靠性评价
    - 信息的时效性评价
    - 信息的准确性评价
    - 信息的完整性评价
  - 信息选择
  - 信息校核
    - 校核的内容
    - 校核的方法
    - 信息校核注意事项

一般情况下，我们可以从信息的可靠性、时效性、准确性、完整性等方面进行信息评价。面对众多信息，我们往往会思考：它们表达了什么意思？信息完整吗？假如不完整，缺少什么？信息源是什么？我们为什么要相信它们？这些信息是否为我们的某些推论提供了有力的证据？我们该如何核实？存在其他可能性或理解吗？阅读下面的例子，体会信息评价和分析。

上海某职业技能培训学校通过网络平台发布了“美容美发”招生培训广告，宣传“高薪就业保障”“零基础入学，包学会，包就业”“包全国就业上岗”等内容。上海市市场监管局称，该行为违反了《中华人民共和国广告法》第二十四条第（一）项的规定，构成了发布“对教育、培训的效果作出明示或者暗示的保证性承诺”的培训广告的行为。市场监管部门依法责令当事人在相应范围内消除影响，并处罚款 328 089.51 元。

想一想

生活中我们是否发现过与上述例子类似的广告？你是如何看待这类广告的？就上面的例子尝试进行具体评价。

面对海量的信息，我们要具备一定的评价判断能力，才能真正从信息中获得知识和智慧。尤其当我们为解决具体问题而收集信息时，可收集的信息往往很多，这就需要我们对信息进行评价、选择和校核，以获得对解决问题最有力的支持。

小李母亲的冠心病又犯了。小李想帮母亲控制病情发展，并在缓解后养成适当的生活方式。她从一个关注者很多的养生类微信公众号上看到，冠心病患者应该静养，多吃一些滋补食品和保健品。小李母亲的朋友孙阿姨也有冠心病，孙阿姨经常在微信朋友圈晒自己锻炼的照片，而且每天都红光满面，比小李母亲的气色好不少。面对截然相反的信息，小李很疑惑。后来，她通过对上述公众号的仔细查阅以及向孙阿姨当面请教，了解到这个公众号的运作者是一家保健品公司，而孙阿姨在冠心病较严重的时候也是静养的，待病情缓解，才逐步加强锻炼。最后，小李又挂了一位心内科知名专家的号，根据母亲的病情，详细咨询了饮食和锻炼方面的问题，得到了科学的指导。

值得赞赏的是，材料中小李通过自己的努力对已有信息进行合理的评价，并找到了更有效的信息。在现实中，我们也经常面对类似的问题：怎样辨别哪些信息值得信赖？哪些信息有利用价值？怎样从繁杂的信息中得到有用的内容？怎样对信息归类排序，以得到新的更有价值的信息？

一、信息评价

信息的评价是指对信息的使用价值作出评判。在数字时代，信息爆炸式迅速增长，但良莠不齐。在各类信息中掺杂有大量的虚假信息、错误信息，还有很多与具体需求看似有关实则无用的信息。我们需要从可靠性、时效性、准确性、完整性等几方面对信息进行评价，以确定其利用价值。

（一）信息的可靠性评价

一般情况下，来自正式的、引用率高的信息源的信息可靠性比较强，来自非正式的、引用率低的信息源的信息可靠性比较低。例如正式出版的科技图书中的知识，通常可靠性比较高。相反，一些连书刊号都没有的印刷品，尽管可能印制精美，其内容也不可靠。此外，需注意引用率不能作为可靠性判断的唯一依据，例如互联网上的一些谣言被广泛传播和引用，必须综合其他因素加以判断。

信息：老王家的邻居说，老王四岁的儿子告诉他，老王做生意赚了一大笔钱，在邻近小区买了房，准备搬家。

评价：对于某户人家的经济状况，其邻居作为信息源的可靠性值得怀疑，四岁儿童作为家庭重大变动的信息源的权威性也不可靠。

结论：该信息的可靠性比较低，需要另外的信息共同加以验证。

对于重要信息来说，信息源的权威性是信息可靠性的重要参考。信息源是否是有关问题的专家？是否是直接掌握有关信息的人或机构？作为信息源的人或机构的信誉是否足够？如果回答是肯定的，我们就说该信息源具有较高权威性。例如新华社、《人民日报》、《求是》杂志等就是具有权威性的信息源，我们认为它们提供的信息是可靠的。

信息：国家统计局官网《中华人民共和国2022年国民经济和社会发展统计公报》显示，初步核算2022年全年国内生产总值1 210 207亿元，比上年增长3.0%。其中，第一产业增加值88 345亿元，比上年增长4.1%；第二产业增加值483 164亿元，增长3.8%；第三产业增加值638 698亿元，增长2.3%。全年人均国内生产总值85 698元，比上年增长3.0%。国民总收入1 197 215亿元，比上年增长2.8%。全员劳动生产率为152 977元/人，比上年提高4.2%。

评价：国家统计局是国务院直属机构，主要负责组织领导和协调全国统计工作，确保统计数据真实、准确、及时。因此其官网发布的文件具有权威性，是值得相信的。

结论：该信息权威性高，具有很高的可信度。

（二）信息的时效性评价

信息从产生到淘汰，可以看作一个生命周期。处于生命周期的不同阶段的信息，价值有很大不同。产生不久的信息，利用价值比较高；接近淘汰的信息，利用价值比较低。发明专利刚刚授权时利用价值比较高，而在即将到期时，利用价值就比较低。在数字时代，信息生命周期变短了，一条信息可能很快会过时、被淘汰。另外，不同领域的信息的生命周期亦不相同，例如天气预报、招聘广告等信息时效相对短，对未来经济形势的预测、对某种新产品特点的介绍等信息时效相对长。

信息：今天（20××年××月××日）冷空气将暂歇，黄河和长江之间的降雨较强。明天起，新一轮冷空气又将卷土重来，东北、华北一直到江南、华南一带陆续都会出现降温。在冷空气影响下，未来三天，江南一带将迎来难得的雨水，而西南地区也会阴雨不断。

评价：天气预报是极具时效性的信息，在不同的时间段，天气将发生变化。因此，不能通过一天或者几天的某地天气预报，来判断该地的气候。

结论：对大众来说，该信息具有明显的时效性，有效期一般不超过2日，过期就基本失去价值。

（三）信息的准确性评价

信息的准确性是指信息内容是否真实有效，信息中涉及的人和事是否客观存在。通常我们可以从是否符合事物的一般规律、是否具有内在逻辑性、是否与其他信息矛盾等角度来考虑信息的准确性。是否真实准确对信息的价值起决定作用，只有以真实信息为依据，才能作出正确的决策。

如何判断信息的准确性？一般有以下方法：

1. 验算。对数据进行重新计算或反证验算，以消除误差。这是最简单、最常用的方法。

2. 核对。主要是与其他相关信息（资料）进行对照、比较，以发现可能的错误。如果用来作对照的信息（资料）权威性较高，则一般可以确定待核对信息的正误。

3. 科学性和逻辑性分析。对信息内容进行分析，判断信息是否符合客观规律和实际条件，是否符合逻辑，有无前后矛盾。

信息 1：不少人的朋友圈被一则消息刷屏。这则消息称，在厨房里接打电话和在加油站一样，容易引发爆燃事故。

评价：这里的关键是对上述信息的科学性进行分析。在加油站，可燃物大量集中存储且电子设备集中，一般居民家的厨房并没有这样的情况。要在厨房内引发爆燃事故，必须满足两个条件：

（1）发生燃气泄漏，且室内燃气浓度达到爆炸极限；

（2）有明火或有较强电流通过，释放一定的能量，引燃气体。

在实际生活中，居民家的厨房发生大量燃气泄漏且室内燃气浓度达到爆炸极限的情形很罕见；没有其他电子设备的“帮助”，手机也难以产生大量电流。

结论：该信息缺乏对基本的实际情形分析，并且没有足够的佐证，因此是不准确的。

信息 2：2023 年初，一则关于“2023 年养老金认证时间提前，退休人员必须在 1 月份完成待遇资格认证，否则养老金将会停发”的消息在多地流传，引起社会广泛关注。一些骗子通过散布谣言，推送虚假网站，打着可以代办认证的幌子，诱导一些退休人员和城乡老年居民填写身份证、银行卡等信息并从中牟利。

评价：对于这一消息，人力资源社会保障部已发文进行辟谣，提醒广大网友一定要提高警惕。认证只需在 12 个自然月内进行一次，不需要赶在一个集中的时段进行。官方介绍的养老保险待遇资格认证方法主要有三种：第一种是人脸识别自助认证，通过登录国家社会保险公共服务平台网站或“掌上 12333”等官方手机软件进行认证；第二种是社会化服务认证，高龄老人和行动不便的特殊群体提出上门认证的申请，社保局工作人员上门协助认证；第三种是数据比对，社保局通过和公安、民政、医院、交通运输等部门进行数据比对来获取退休人员的情况。

（四）信息的完整性评价

信息的完整性是信息价值的重要指标。获得信息不完整，就容易以偏概全、顾此失彼，以一种倾向掩盖另一种倾向。而我们要揭示事物整体情况，就不能断章取义、以偏概全。评价获取的信息是否完整，一是要全面仔细分析获取的信息所含要素是否完全；二是要考察所查信息源的收录范围、信息获取途径是否全面。

信息：因特网上有 8 亿多个网站。

评价：这个信息没有发布机构，也没有发布的时间。

结论：没有发布机构就不能判断可靠性，没有发布时间就无法知道在什么场合利用该信息。因此，该信息没有使用价值。

对信息价值的评价，需要用批判的眼光从不同的方面提出问题，并进行分析和思考。这样，所获得的信息，才是有价值的。

二、信息选择

信息选择的目的是提高信息利用的效率。信息选择的过程，首先是基于对信息的评价，按价值大小对信息进行排序。其次是删除不适用、无价值的信息，这些信息包括虚假信息、雷同信息、过时信息以及无关信息。

选择信息的方法通常包括以下几种：

1. 查重法。即剔除内容相同、重复的信息，选出有用的信息。

2. 时序法。即逐一分析按时间顺序排列的信息资料，删除过于陈旧的信息。

3. 类比法。即将同类型的信息进行比较，选择与需求关系密切，更能反映本质问题、信息量大的信息，使其排序靠前。

4. 评估法。即对某些专业性、技术性强的信息，可请有关专家或专业人员进行评估。然后结合信息评估的结果，根据其价值大小进行排序，并删除事实或观点错误等无价值的信息。

三、信息校核

选择信息时，面对的基础信息量往往很大。有时，为了确保已选择的信息无误，对已选择的信息要进行校核，即再一次审查。就处理重要事务而言，信息校核是获取有效信息必不可少的一个环节。

（一）校核的内容

信息校核的内容一般包括校核事实、校核观点、校核出处等几个方面。其中，校核事实包括校核时间、校核地点、校核人物，以及校核其他数据。校核事实需要注意的是除了校核文字材料外，还要重点关注图表。图表是信息内事实集中的部分。校核观点需要关注其是否清晰正确，符和党和国家的方针、政策及法律法规要求。

对于上述内容，有的需要核对、查证，有的需要实验和计算，有的则要进行相互比较。对涉及有关的政策、法规、重要计划、主要数据、典型事例等信息，一般要核对出处，核实原件。

（二）校核的方法

在确定了校核的内容后，应选择适合的校核方法。信息校核的方法一般包括溯源法、比较法、逻辑法、调查法和定量分析法。

1. 溯源法

溯源法就是对收到的信息所涉及的有关问题进行溯本求源地审核查对。应尽量找到第一手资料，核对有关原版书、原件等原始资料，并查阅其主要参考文献等。

2. 比较法

在难以溯源时，可采用比较法。比较法就是将反映某一事实的信息与各方面材料进行比较，判断事实、推理和结论是否相洽。若无权威材料，所比较的材料应包括不同来源或产生于不同时间的信息。若有直接的、新近的权威材料，就用其进行对照分析，发现并纠正信息中的差错。例如，用统计年鉴来对照分析某单位的年终统计资料，用国家颁布的标准化规定来对照分析某些产品的标准化程度等。

小李是技工院校食品加工与检验专业高级工班的学生，在学习酿酒生产技术的有关课程时，他发现价格差不多的情况下，市面上有的酒品质好，有的酒品质一般。于是，他开始收集关于判断酒品质的信息。

某日，小李发现一段以“白酒加水浑浊和假酒判定方法”为标题的小视频在网络上被大量转载，视频显示，一名男子将一瓶白酒与另外两种知名品牌白酒相比较，通过加水后观察是否有变浑浊现象，断定变浑浊的为粮食酒，不变浑浊的就是“假酒”“化学酒”“工业酒”“酒精酒”，并指出饮用非粮食酒，会导致头痛等严重不适现象。

小李同时还找到了一篇阐述类似内容的网帖。小李将视频和网帖充分对比后，确认内容是重复的。从便于参考的角度考虑，他收藏了网帖，删除了视频。

几天后，小李从某权威网站找到了中国食品工业协会白酒专业委员会辟谣的报道：加水是否变浑浊不是检验酒质好坏的科学方法和判定真假白酒的标准。假如在纯酒精（或以食用酒精为主体勾兑的白酒）中添加一定量高级脂肪酸乙酯成分，再加水降度，其混合液也一样会浑浊。在成品酒中加水后酒体变浑浊与否，与勾调时使用的原酒和生产工艺有关，并非判断质量和真假的标准。据此，小李删除了前几天收藏的网帖。

3. 逻辑法

逻辑法就是对信息中所表达的事实和叙述方法进行逻辑分析，发现问题和疑点从而辨别真伪。

4. 调查法

调查法就是对信息中所表达的事物的变化情况，通过现场调查来验证其真实性和准确性。

5. 定量分析法

定量分析法就是对信息中的原始数据进行运算和分析，将计算结果与该信息中或其他信息中的有关数据相对比，通过判断计算结果的合理性，推断原始数据是否正确。

（三）信息校核注意事项

信息校核是一项复杂的工作，一般在校核过程中要注意以下几点：

1. 强调原始数据。在信息校核时，要以原始数据为基础，避免出现以讹传讹的现象。

2. 排除主观影响。在信息校核过程中，不能敷衍了事，要克服急躁情绪，耐心、细致地核查每项内容。

3. 综合各种方法。信息校核的方法很多，在具体的工作中，我们应该根据自身需要和信息的实际情况确定、选择合适的方法，并综合运用。

4. 严格核查事实。对获取的信息要认真核查其来源是否可靠，情况是否真实；对其中列举的事件、数据、时间、地点和人物等都要逐一核实，以确保校核效果。

5. 确定信息性质。我们要了解信息资料说明了什么问题，有无典型意义，从中提炼或引出什么思想，得出什么观点和结论。

6. 提高校核质量。我们要综合运用自己的知识、能力和经验，借助多种手段和工具，提高校核信息的质量，要仔细分析、考证，做到透过现象看本质。

实训活动

活动描述

下面这则信息是从某网站的新闻报道中摘录的，该报道声称材料中的数据来源于国家统计局官网，请结合所学知识，对下面这则信息进行评价。

据国家统计局公布的居民收入和消费数据显示，2022 年，全国居民人均可支配收入 36 883 元，比上年名义增长 5.0%，扣除价格因素，实际增长 2.9%。分城乡看，城镇居民人均可支配收入 49 283 元，增长（以下如无特别说明，均为同比名义增长）3.9%，扣除价格因素，实际增长 1.9%；农村居民人均可支配收入 20 133 元，增长 6.3%，扣除价格因素，实际增长 4.2%。

2022 年，全国居民人均食品烟酒消费支出 7 481 元，增长 4.2%，占人均消费支出的比重为 30.5%；人均衣着消费支出 1 365 元，下降 3.8%，占人均消费支出的比重为 5.6%；人均居住消费支出 5 882 元，增长 4.3%，占人均消费支出的比重为 24.0%；人均生活用品及服务消费支出 1 432 元，增长 0.6%，占人均消费支出的比重为 5.8%；人均交通通信消费支出 3 195 元，增长 1.2%，占人均消费支出的比重为 13.0%；人均教育文化娱乐消费支出 2 469 元，下降 5.0%，占人均消费支出的比重为 10.1%；人均医疗保健消费支出 2 120 元，增长 0.2%，占人均消费支出的比重为 8.6%；人均其他用品及服务消费支出595元，增长4.6%，占人均消费支出的比重为2.4%。

活动实施

1. 请同学自由组合成5个小组，各组推荐出一名小组长。

2. 组长组织组员讨论，从可靠性、时效性、准确性、完整性等方面完成信息评价。（提示：可以通过计算来确定数据的准确性。）

3. 各组组长向全班展示并解释本组成果。

活动评价

评价项目		权重	互评	师评
评价信息（80分）	信息来源可靠	20分		
	信息具有时效性	20分		
	信息具有准确性	20分		
	信息具有完整性	20分		
理由表述（20分）	阐述合理有层次	10分		
	见解独到新颖	10分		

综合实践活动

体验信息处理

【活动导入】

家住北京的陈女士向当地工商局投诉了在维修自家冰箱时上当受骗一事。原来，陈女士家里的冰箱需要维修，通过互联网查找“×× 冰箱北京售后”，并选择了搜索排名第 1 位的链接网站，通过该网站公布的电话号码联系到了维修人员。维修人员上门检修，共收取 300 多元维修费。维修人员离开几小时后，陈女士发现冰箱并没有修好。后经与冰箱生产厂家核实，她这才知道自己所找的维修企业并不具备维修该品牌冰箱的资质。

当我们面对来源多样的海量信息时，为了将一些真假难辨的“灰色信息”进行过滤，需要我们评价信息与鉴别信息的方法。

【活动要求】

1. 活动场地器材。

场地：多媒体教室。

器材：计算机、笔记本、笔。

2. 分组要求：每组 5 人，分成若干小组。

3. 活动时间：80 分钟。

【活动目标】

1. 通过感受当今社会存在信息良莠不齐的问题，唤起对信息进行鉴别与评价的意识。

2. 通过实践活动中运用信息的鉴别与评价的多种方法，提高甄别信息真伪的能力和判断正确的信息价值取向的能力。

以下实践活动的具体要求如图 2-1-1 所示。

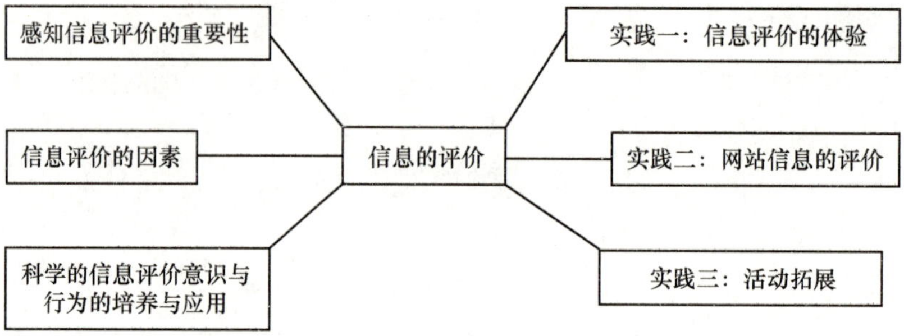

图 2–1–1　思维导图

【活动指导】

1. 活动前应认真复习本单元的相关内容。

2. 活动中可以利用小组内研讨、组间辩论会等的形式进行学习。

【活动过程】

实践一：体验信息评价

案例 1　图 2–1–2 是一位古玩藏友在百度知道中搜索到的信息，图 2–1–3 是他从新浪新闻中心搜索到的信息。请试评价图中涉及的安徽某公司，并完成表 2–1–1 的评价。

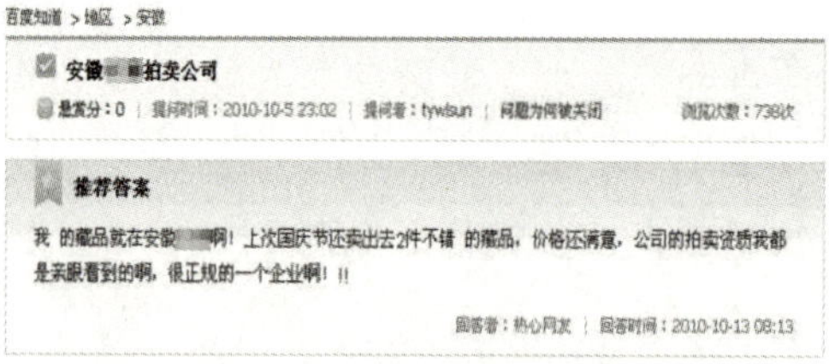
百度知道 > 地区 > 安徽

安徽[illegible]拍卖公司

悬赏分：0 | 提问时间：2010-10-5 23:02 | 提问者：tywlsun | 问题为何被关闭　浏览次数：738次

推荐答案

我 的藏品就在安徽[illegible]啊！上次国庆节还卖出去2件不错 的藏品，价格还满意，公司的拍卖资质我都是亲眼看到的啊，很正规的一个企业啊！!!

回答者：热心网友 | 回答时间：2010-10-13 08:13

图 2–1–2　百度知道搜索到的信息

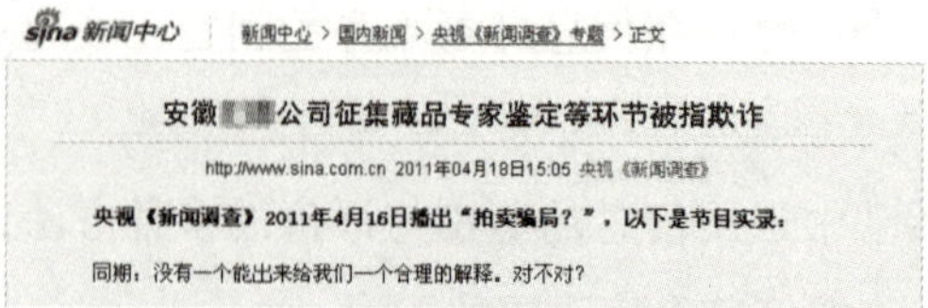
sina新闻中心　新闻中心 > 国内新闻 > 央视《新闻调查》专题 > 正文

安徽[illegible]公司征集藏品专家鉴定等环节被指欺诈

http://www.sina.com.cn 2011年04月18日15:05 央视《新闻调查》

央视《新闻调查》2011年4月16日播出“拍卖骗局？”，以下是节目实录：

同期：没有一个能出来给我们一个合理的解释。对不对？

图 2–1–3　新浪网上的信息（本图涉及的公司与图 2–1–2 涉及的公司相同）

表 2-1-1　安徽某公司评价表

评价内容	答案选择	我的理由
你认为哪张图片中的信息最可信?	A. 图 2-1-2 B. 图 2-1-3	
现在可以判断安徽某公司是哪种性质的企业?	A. 正规企业 B. 违规企业 C. 不能判断	

若还不能判断，你认为还需要怎样的相关支持或获取哪些方面的信息才能评定?

____

____

案例 2　王先生收到了一条手机短信:“尊敬的网银用户，你所使用的中国银行动态口令卡现在需要升级。将于次日过期，请尽快登录 WWW.BOCZHA.COM 进行升级，给您带来不便请谅解，详询 95566（中国银行）。”

王先生登录短信中显示的网址后，发现界面与平时登录的中国银行界面无异，随后根据网页上的提示，输入了自己的用户名、密码等信息，页面随即显示升级成功。

过了两天，王先生发现自己的银行卡上少了 1.2 万多元，立即向警方报警。警方经过一个多月的精心侦察，将嫌疑人张某等 4 人抓获。经审查，该团伙不仅从事“网银升级”诈骗，还在做“短信中奖”诈骗，4 名嫌疑人因涉嫌诈骗被警方刑事拘留。

结合本单元知识，完成表 2-1-2 的相关内容。

表 2-1-2　问题与评价方法

问题	我的看法或建议
王先生在接到短信后，应该如何检验此短信的可信度?	
动态口令是在不断地变化的，为什么王先生只输了一次动态口令就被诈骗分子将钱骗走了呢?	

实践二：评价网络信息

利用百度网站进行搜索，选择一个电器品牌，以“××品牌××市售后维修站”为关键词进行搜索。将你搜索结果中排名靠前的网址记录下来，并凭你的直觉评价这些网站信息的可信度（在表2-1-3所列可信度等级值上打上“√”）。

表2-1-3　网络信息的可信度评价

序号	网址	可信度
1		高　中　低
2		高　中　低
3		高　中　低
4		高　中　低
5		高　中　低

你认为利用哪种方式可以快速地揭穿“山寨”网站的面目？并记录下你的揭穿过程：

____

____

____。

实践三：活动拓展

评价表2-1-4中的信息，记录自己的评价过程。小组内讨论每名组员的评价过程是否科学？是否简捷有效？

表2-1-4　信息可信度评价

信息内容	可信程度	我的鉴别方法
后天，全省将迎来一次大范围降温、下雨的天气，温度下降将达8℃左右。	高　中　低	

续表

信息内容	可信程度	我的鉴别方法
2008年5月31日17时05分，“广西防震减灾网”出现“广西近期将发生9级以上重大地震请市民尽早做好准备”提示。	高　中　低	
2010年12月6日，有消息称金庸先生于当晚19点07分在香港尖沙咀圣玛利亚医院去世。	高　中　低	

【活动小结】

1. 经过学习，你认为信息的鉴别与评价过程应参照以下哪几个方面进行？请完成表2–1–5。

表2–1–5　信息评价的具体指标

序号	信息评价的具体指标	是否可行
1	信息是否有用：是否存在价值性	
2	信息的载体外观是否美观、漂亮	
3	信息是否真实可靠	
4	信息的文字是否美妙、是否有感染力	
5	信息来源是否具有权威性	
6	是否有知名人士做宣传、广告	
7	信息是否带有一定的感情色彩、是否公正	
8	信息是否过期	

2. 每人撰写完成本次活动的心得体会。

第二课　分析信息

学习目标

1. 能运用类比分析法分析信息。

2. 能通过绘制鱼骨图，用因果分析法分析信息。

3. 能就具体场合从类比分析、因果分析、综合分析、预测分析中指出最适宜的方法并阐明理由。

4. 能利用 Excel 进行简单的数据处理与分析，并能生成图表。

翻转课堂

本课导读

- 分析信息
  - 联想分析
    - 类比分析法
    - 对比分析法
    - 因果分析法
  - 综合分析
    - 调查研究
    - 汇总（归纳、概括）
    - 分析判断
  - 预测分析
  - 利用 Excel 进行数据分析
    - 数据清洗
    - 数据加工
    - 数据可视化

4~5 名同学组成小组。每位同学选择近期某次考试（考核），总结自己成功或失败的原因，或者就未来某次考试给自己提出规划，包括目标及达到目标的措施。要求：

1. 每人将自己的总结或规划写成一段文字（300 字左右）并在小组内共享。这段文字要将原因或措施分类、分层表述，以使全篇更有逻辑性。

2. 每位组员选择一位组内其他成员，分析其总结或规划并提炼成图示。

3. 每位组员参考其他组员的总结或规划，找到可以借鉴的经验或措施，将其摘录下来，并据此总结出更多经验或策划出更多适合自己的措施。

提示：先预习本课内容，再执行上述第 2 项、第 3 项要求。

信息分析就是根据特定情境的需要，对大量相关信息进行深层次的思维加工和分析研究，形成新的综合信息，从而推动问题化解的过程。在日常生活中，我们一般会通过联想分析、综合分析、预测分析中的一种方式或多种方式组合来分析信息。

一、联想分析

联想分析是基于一种现状或某种原因，通过智力活动将一种情形与另一种情形联系起来，进行比较分析的一种分析方法。

这种分析方法相较于综合分析、预测分析和评估分析更为基础，也是我们日常分析信息最常用的方法之一。使用好联想分析对学习、发明创造和艺术创造等具有十分重要的意义。具体而言，联想分析可以进一步细分为：类比分析法、对比分析法、因果分析法等。

（一）类比分析法

类比分析法，是根据事物之间在外形、性质、意义等方面的相似性，由此及彼进行分析的方法。这种分析方法在科学上有很广泛的运用。例如，在仿生学领域，科学家根据鱼的形状创造出潜水艇，根据鸟飞行的姿态设计出飞机等。

下面看一则小故事：

有一个年轻人对刀很感兴趣，但是他发现当时的刀都有一个共同的问题，就是用一段时间后，刀会变钝，需要重新打磨，非常麻烦。有一天，这个年轻人路过一个建筑工地时，看到有工人在用玻璃片刮木板上的油漆。他发现，玻璃片刮一会儿变钝了，工人就将玻璃片敲断一节，新的断口十分锋利，可以继续刮。年轻人立即联想到刀刃的设计：能不能把刀刃变钝后那段也截断，从而使用新刀片？于是，他设计了一种长长的刀片，上面有好多刻痕，刀刃用钝了只要沿着刻痕敲断，就可以使用新的刀刃了。这种刀片出现后，很快就受到大家的欢迎。最后，这个年轻人申请了专利，开办了专门的工厂，并大获成功。

从上面的小故事中，年轻人将刀片和玻璃片类比，解决了刀钝需磨的麻烦。我们不难发现，其实类比分析不复杂，只要我们平时多做有心人、多注意观察、多思考，就能破解日常生活的小困难，说不准你的一个小小创意会带来意外的惊喜。

（二）对比分析法

对比分析法，也叫反向分析法，一般指由一个事物联想到与其特点相反的事物，由此进行对照分析的方法，也就是我们经常说的“反其道而行之”。

下面看一则小故事：

19 世纪，法国微生物学家巴斯德用实验证明了细菌可以在较高温度下被杀死。因此，食品经高温处理可延长保存期。现在，超市售卖的巴氏杀菌牛奶就是以此命名。物理学家开尔文得知这一消息后便想：既然高温能够将细菌杀死，那么低温是不是也能对细菌起到抑制作用呢？沿着这一思路进行研究，开尔文发明了冷藏工艺，开启了人类保存食物的新篇章。

通过上面的小故事，我们可以发现，任何事物都具有多方面属性。由于受过去经验的影响，人们更容易看到熟悉的一面，而对另一面视而不见。反向分析能帮助我们克服这一障碍，结果往往出人意料，给人以耳目一新的感觉。

（三）因果分析法

因果分析法是利用与信息内容相关的事物发展变化的因果关系，对信息进行分析的方法。常用的分析工具是鱼骨图。鱼骨图指的是一种用来发现问题“根本原因”的辅助图示。因其图形状如鱼骨，所以被称为鱼骨图（图 2–2–1）。

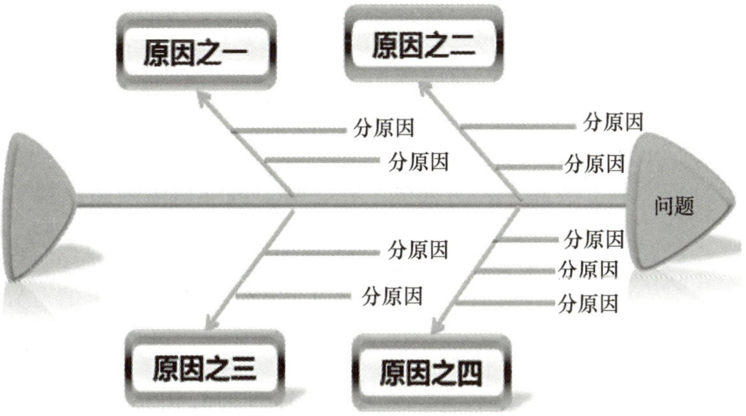

图 2–2–1　鱼骨图示例

1. 鱼骨图绘图过程

（1）填写鱼头（描述问题），画出主骨。

（2）画出大骨，填写主原因。

（3）画出小骨，填写分原因。

（4）用特殊符号标识重要因素。

要点：绘图时，应保证大骨与主骨成60°夹角，小骨与主骨平行。

2. 鱼骨图的使用步骤

（1）查找要解决的问题。

（2）把问题写在鱼骨的头上。

（3）讨论导致问题出现的可能原因，尽可能多地找出原因。

（4）把原因按类别分组，在鱼骨上标出。

（5）根据不同原因征求大家的意见，总结出正确的原因。

（6）拿出任意一个原因，研究为什么会产生这样的问题。

（7）针对问题的答案再问为什么，这样至少深入三个层次（连续问三个问题）。

（8）当深入到第五个层次或更多层次后，认为无法继续进行时，列出这些问题的原因，最后列出至少10个解决方法。

二、综合分析

综合分析是信息处理的一种重要手段，是指通过对原始、分散的信息进行整理加工，使其具有系统性、条理性、概括性，能从整体上反映某一方面的工作态势，或能更清晰地反映事物的本质。

所谓“综合”就是对信息反映的各种现象、问题进行收集、归纳、概括，以认清其共同的本质特征；所谓“分析”就是对信息所反映的状况、矛盾进行剖析，搞清其性质、范围、特点、发展的程度、产生的原因以及与其他各方面的相互关系，等等。通过综合、分析，进行判断、推理，为决策正确的意见和方案。因此，这里所说的综合分析能力，包括调查研究、汇总（归纳、概括）、分析判断等一系列能力。

（一）调查研究

调查研究，指通过各种调查方式，如现场访问、电话调查、网上调查、邮寄问卷等形式，获取受访者的意见，以此为基础进行统计分析，研究事物的总体特征。调查研究的目的是获得系统客观的信息、数据，为决策做准备。

调查研究的一般步骤和方法如下：

1. 根据目的起草调查研究提纲。
2. 依据提纲，圈定调查研究范围（区域、对象等）。
3. 点面结合，有重点地开展一对一访谈。
4. 对调查研究结果进行初步汇总，在分析的基础上形成调查研究报告，得出结论。

（二）汇总（归纳、概括）

汇总是把各种材料或情况汇集到一起，在此基础上进行必要的归类和概括。综合分析既要有针对总体情况的汇总，也要有针对某一问题或现象的专题汇总，以便我们获取更加全面的信息，为下一步分析判断做准备。

（三）分析判断

信息的综合分析，要对材料和观点进行深入提炼，将材料和观点结合起来分析。对于反映经验的信息，首先要分析信息本身是否符合实际情况，在确认符合实际的基础上，从事实中找出规律，从个性中引出共性。对于反映问题的信息，在核实问题准确性的基础上，要认真分析问题发生的根源，找出预防此类问题再次发生的措施。综合分析过程中要对信息的各个方面进行研究，透过现象看本质，去伪存真，去粗取精，由此及彼，由表及里，从中发现事物的特征和趋向。只有这样，才能得到全面、客观、有说服力的结论。

在运用综合分析时，要注意以下几个方面：

1. 要深入钻研信息，剖析信息内容的逻辑层次。
2. 分析要以对信息内容的正确理解为基础。

3. 要抓住主导因素进行分析。

4. 要灵活运用具体分析方法。

三、预测分析

预测分析是根据客观对象的已知信息，运用各种定性和定量的分析理论与方法，对事物未来发展的趋势和水平进行判断和推测的一种活动。进行预测分析时必须确定预测用途、预测对象和预测的时间跨度。天气预报就是典型的预测分析。做天气预报要确定是针对市民日常出行的普通预报，还是针对农业生产、工地施工等专门需求的预报，要确定是预报哪一地域范围的天气，还要确定是24小时预报、48小时预报，还是更长时间的预报。上述条件确定后，一般来说要有预测模型，并根据预测模型要求收集数据，再作出预测。现代天气预报是根据复杂的数学模型作出的，所需的气流、云层等方面物理数据需要由卫星、雷达收集。

四、利用 Excel 进行数据分析

数据分析一般指找出数据背后隐藏的规律。这项技能在今天非常重要，可以运用在商业决策和投资决策等多个领域。而 Excel 作为最常用的办公软件之一，功能不容小觑，可以实现分类、聚类、关联，从而实现数据分析。下面以一个任务为例初步了解利用 Excel（以2019版为例）进行数据分析。

小张是校学生会成员，现需整理一份学生会成员信息统计表（表2-2-1），并对成员的年龄、性别、籍贯、爱好等多个方面做出合理的分析，作为开展后续各项学生会工作与活动的依据。但小张发现通过各种渠道收集的学生信息数据，存在数据缺失、异常、冗余、格式不一致等情况，无法直接使用。因此，必须先对原始数据进行处理，才能进行数据分析。

表 2-2-1　学生会成员信息表

姓名	学号	年龄	性别	身高	体重	成绩	等级	部门
洪亚超	1514120805	20	女	172	72	87		卫生部
贺顺帆	1514840225	20	male	165	56	88		纪检部
何肇	1514121604	21	男	1.71	61	78		文艺部
何世辉	1514121603	19	女	175	60	87		宣传部
何梦楠	1514140406	19	男	178	62	78		宣传部
何娟	1514120804	19	男	176	66	67		文艺部
何浩序	1514121505	18	female	179	75	88		纪检部
杭鑫业	1515141409	20	男	165	57	89		学习部
郭紫薇	1514140206	19	女	175	65	87		组织部
郭雨鑫	1515141408	18	男	171	300	87		纪检部
郭淑庆	1514121405	19	男	173 cm	56	100		文艺部
郭俊	1514121602	20	男	176	65	56		组织部
管廷尧	1514121404	19	女	175	65	77		宣传部
龚芳仁	1514140106		男	175	60	67		宣传部
葛家辉	1514121704	19	女	170	80	76		卫生部
高斜	1514140405	18	女	175	62	78		组织部
杭鑫业	1515141409	20	男	165	57	89		学习部
高亮刚	1514121403	20	男	1.76	55	78		组织部

目前，所收集原始数据主要存在以下几个问题：

1. 数据重复：同一字段出现多次。

2. 数据缺失：数据中存在一项或几项没有信息。

3. 数据不一致：数据格式不规范、单位量纲不匹配。

4. 异常值：明显偏离合理范围的数据。

想一想

如果你是小张，你该怎么处理原始数据呢？怎样分析数据信息呢？

一般情况下数据处理的步骤可分为三步：数据清洗、数据加工和数据可视化（图 2-2-2）。受限于信息收集的方法和途径，获得的原始数据不可避免会出现重复、缺失、格式不一致等问题，这会直接影响后续的数据分析，所以必须进行数据清洗，再进行分析和展示。

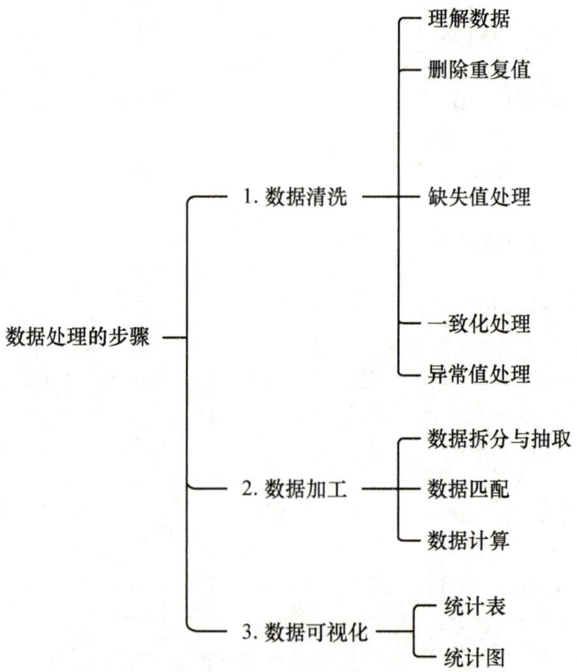

图 2-2-2　数据处理的步骤

（一）数据清洗

数据清洗也叫数据预处理，指在进行数据分析前对原始数据的整理，主要包括将错误的数据纠正或删除、将缺失的数据补充完整、将重复多余的数据删除等。数据清洗是数据分析的基础，对于提高数据质量非常重要，会直接影响分析的结果。

1. 理解数据

在拿到一份来源多样的数据后，我们不应急于直接处理数据，首先应尝试理解信息数据集中的数据字段意义以及所需数据类型。常用的数据类型有以下四种：

（1）文本型：不具计算能力的文字数据类型。

（2）数值型：按数字尺度测量的观察值，表现为具体的数值，可以是整数、小数和钱数等。

（3）日期型：表示日期数据，Excel 中常见的格式有年 – 月 – 日、年 / 月 / 日、日 / 月 / 年等。

（4）逻辑型：用来表示二值逻辑中的“是”与“否”，或称“真”与“假”两个状态的数据。

以“学生会成员信息表”中的数据信息为例，可以列出数据字段说明表 2–2–2。

表 2–2–2　数据字段说明表

序号	字段含义	数据类型
1	姓名	文本型
2	学号	文本型
3	年龄	数值型
4	性别	文本型
5	身高	数值型
6	体重	数值型
7	考核得分	数值型
8	考核等第	数值型
9	部门	文本型

2. 删除重复值

在数据处理与分析中，最常遇到的问题之一便是数据重复。其处理方法较为简单，可以先统计数据出现次数，再直接删除重复值（表 2-2-3）。例如在“学生会成员信息表”中，同一名同学的信息可能被重复录入多次，为了避免混乱，可以只保留第一条数据，删除其余重复值。

表 2-2-3　重复值处理方式

操作要求	处理思路	操作步骤	操作示意图
删除工作表中所有重复数据	用 COUNTIF 函数统计数据出现次数	1. 创建辅助列用于计数 2. 编写函数：COUNTIF（区域，条件）	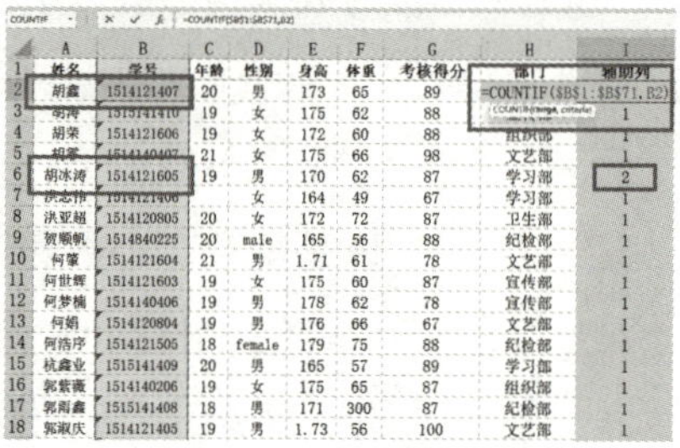
	用数据透视表统计数据出现次数	1. 选择“姓名”为“行”，“学号”为“值” 2. 设置值类型为“计数”	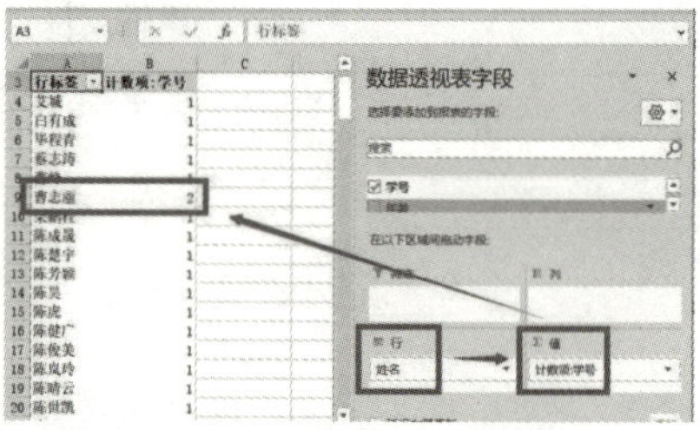
	以条件格式突出显示重复值	开始→条件格式→突出显示	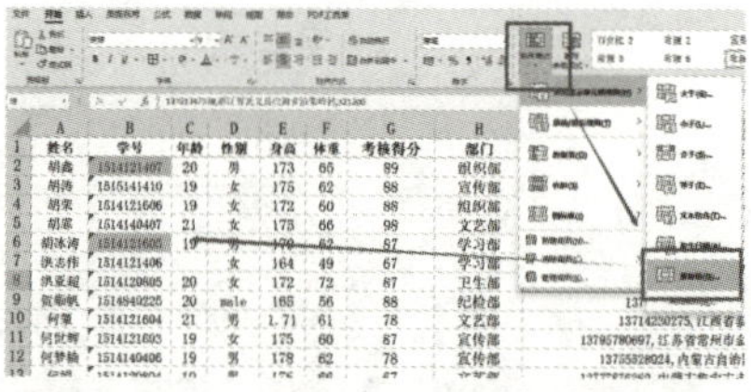
	用删除重复值功能查找删除重复值	数据→数据工具→删除重复值	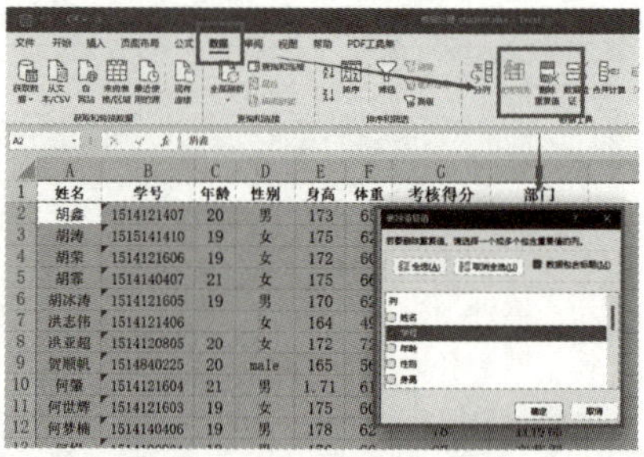

3. 缺失值处理

缺失值指的是原始数据中的某一项或几项属性值不完整。缺失值不仅包括空值，还包括一些用来表示缺值的占位符号。在现实生活中，数据常常来自不同的系统或者部门，由于信息不足、手动错误、技术问题等原因，大量的数据聚集在一起容易产生缺失值，缺失的数据往往会影响数据分析结果，需及时处理。

那么，遇到缺失值，标准的处理流程都是怎样的呢？这个问题没有标准答案，数据缺失值的处理应视实际情况而定。一般来说，基本的处理方式有以下两大类：

（1）丢弃删除，指直接删除存在缺失信息的一行数据。但删除大量数据会严重影响到信息的客观性和结果的准确性，所以此方法只适合在数据质量比较好，缺失值占比较少的情况。

（2）数据补齐，指用一定的值去填充空值，从而使信息完备化。该方法通常基于统计学原理，根据数据中其余对象取值的分布情况，利用均数、中位数、众数等统计值对空值进行填充：

对于定量数据，例如关于一群人的身高、年龄等数据，可以用整体的均值放到缺失数据的位置，数据变化区间幅度不大时也可使用中位数填充；对于定性数据，例如关于一群人的性别、文化程度、某些事件调查的满意度，可以用出现次数最多的值即众数填补缺失。

下面以处理“年龄”列的数据缺失为例，使用 Excel 处理缺失值（表 2-2-4）。

表 2-2-4　缺失值处理方式

操作要求	处理思路	操作步骤	操作示意图
完成“年龄”列中缺失值的处理	思路 1：定位删除，在分析年龄时，将其临时删除	开始→查找和选择→定位条件→空值	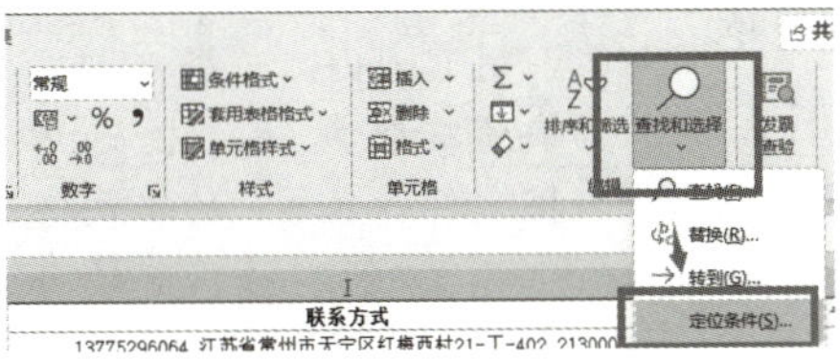

续表

操作要求	处理思路	操作步骤	操作示意图
完成“年龄”列中缺失值的处理	思路 2：定位替代，用样本均值（或众数、中位数）填充缺失值	删除数据或输入替代值后，使用 Ctrl+Enter 组合键确认	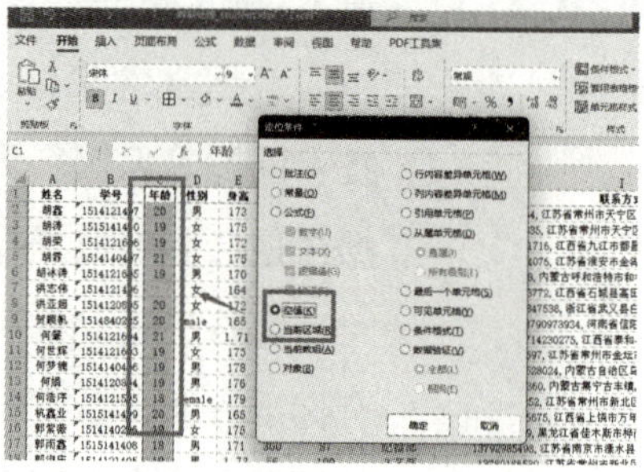

4. 一致化处理

数据的一致化指其有统一的标准或者命名。同一列（或行）单元格应表示数据的同一种属性，但通过统计调查收集上来的数据，经常会出现同一字段的数据形式不一致的问题，不便直观理解，例如日期格式不一致、数据单位未统一等。这会直接影响后续的数据分析，此时必须对数据的格式作出一致化处理（表 2–2–5）。

表 2–2–5　数据一致化处理方式

操作要求	处理思路	操作步骤	操作示意图
修正“性别”和“身高”列不一致数据	用查找替换统一数据格式	开始→查找和选择→替换→输入“查找内容”和“替换为”→全部替换	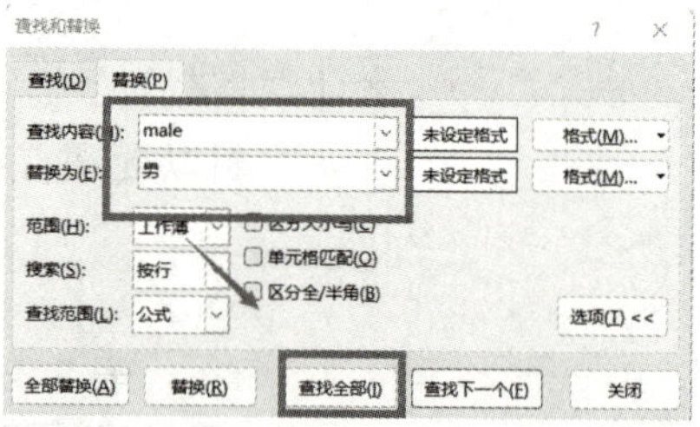
	用 Ctrl+E 快速提取数据	1. 创建辅助列，并在其中一个单元格填写样例数据 2. 选中待填充的单元格 3. 按下 Ctrl+E 键，提取“身高”列中的数据	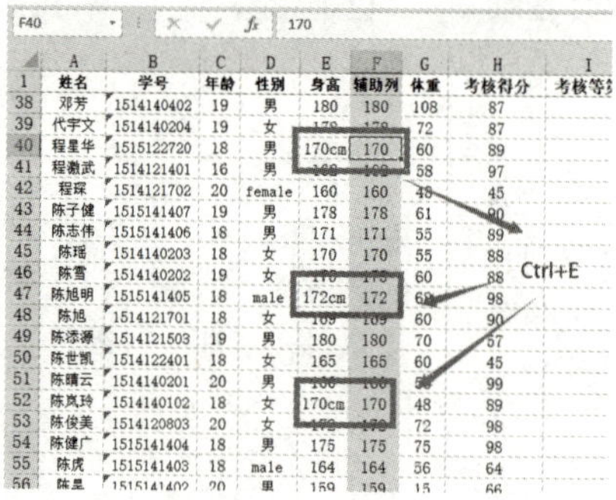

5. 异常值处理

异常值是一个统计学上的名词，指的是样本中的一些明显偏离其余值的数值。其处理方式与缺失值类似。这里着重讲解如何查找数据中的异常值（表 2–2–6）。

表 2–2–6　异常值查找方式

操作要求	处理思路	操作步骤	操作示意图
找出“体重”和“身高”列中的异常数据	用 AVERAGE、STDEV、ABS 函数发现超过 3 倍标准差的数值	1. 构建辅助列 2. 编辑函数：=ABS(目标单元格 −AVERAGE(数据区域))/STDEV(数据区域)	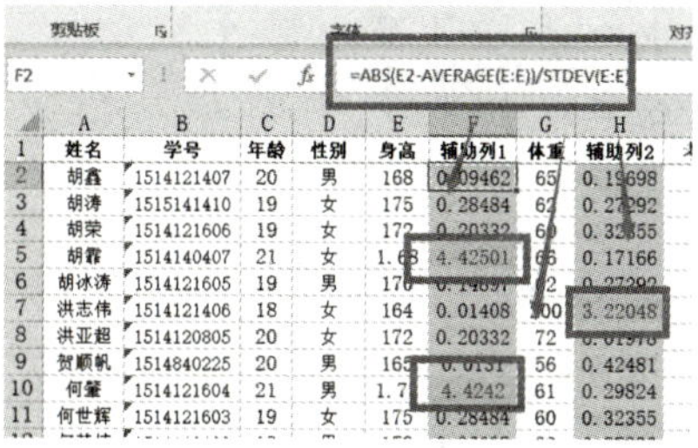

（二）数据加工

数据加工是基于需求对数据进行变换、抽取和运算，从而得到目标的信息，以指导和预测特定的行为或事物的变化趋势。数据加工按工作步骤可以分为：数据拆分与抽取、数据转换和数据计算。

1. 数据拆分与抽取

数据处理加工过程中，如果有些字段的数据包含多种信息，那么就需要将数据列拆分、重构，以从中提取出想要的值。拆分后信息具有更大的灵活性，易于索引、容易重组重构，下面讲解如何使用 Excel 实现拆分与提取数据。

例如对于原始字段里的联系方式一栏，我们想要将手机号码、家庭住址、邮编等信息拆分至不同的单元格，这里介绍两种方式：分列功能和抽取函数（表 2–2–7）。

2. 数据匹配

日常工作中，我们经常会面临数据查找的问题。如果只是从极少量数据里找到特定条件的数据，是很容易实现的。但是，当面对成百上千的无序数据，凭借人工查找匹配就不太现实了，这时候可以借助 Excel 中的 VLOOKUP 函数。

表 2-2-7　字段的拆分方法

操作要求	处理思路	操作步骤	操作示意图
从“联系方式”列中提取出信息分别填入“手机号”“家庭住址”“邮编”各列	思路 1：用分列功能按特殊符号进行数据分割提取	1. 选中数据列 2. 数据→分列→分隔符号→逗号→完成	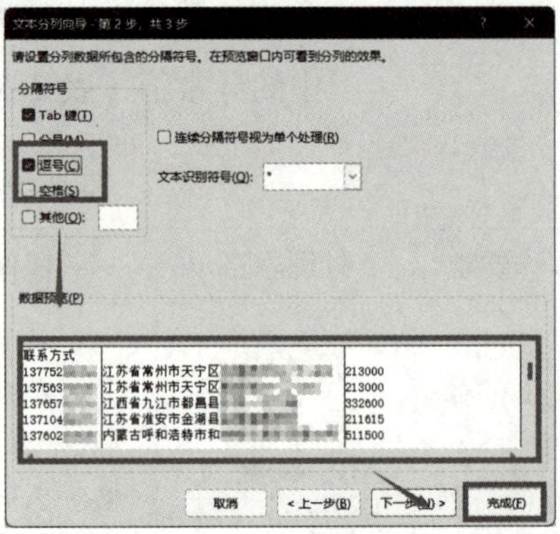
	思路 2：用 LEFT、RIGHT、MID 函数抽取所需信息	1. 手机号：LEFT(目标，11) 2. 省份：MID(目标，13，3) 3. 邮编：RIGHT(目标，6)	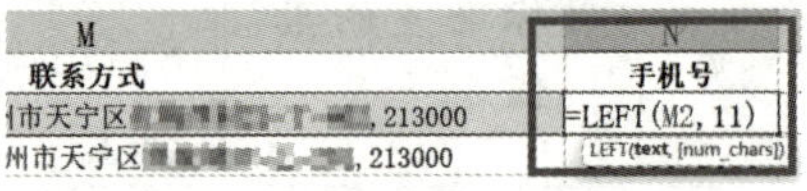 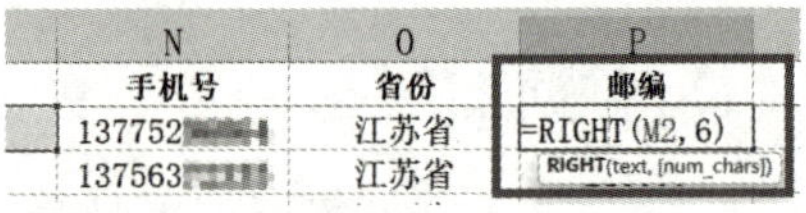 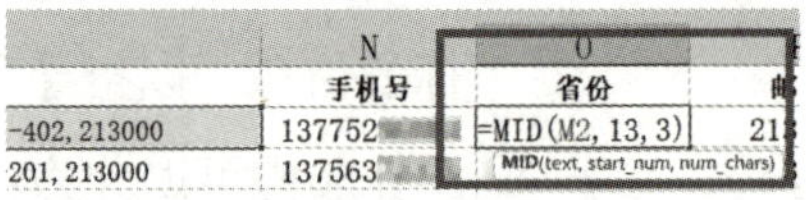

读一读

VLOOKUP 函数

功能：按列纵向查找所需搜查列相对应的结果。

语法：VLOOKUP（lookup_value, table_array, col_index_num, range_lookup）

lookup_value：代表需要查找的数值；

table_array：代表需要在其中查找数据的单元格区域；

col_index_num：在 table_array 区域中待返回的匹配值的列序号；

range_lookup：如果为 TRUE 或省略，则返回近似匹配值，如果为 FALSE，则返回精确匹配值，如果找不到，则返回错误值 #N/A。

注意：VLOOKUP 查找区域的首列必须含有查找的内容。例如在数据表中，a 列是序号，b 列是姓名，c 列是身份证号，d1 输入姓名，在 e1 得到其身份证号的公式不是“=VLOOKUP(d1, a: c, 3, 0)”，而是“=VLOOKUP(d1, b: c, 2, 0)”。

例如在“学生会成员信息表”工作表中没有学生的专业等信息，尝试从“全年级名单”工作表中查找并匹配到每个人的身份证号、专业等信息数据（表 2–2–8）。

表 2–2–8　数据匹配的方法

操作要求	处理思路	操作步骤	操作示意图
在“全年级名单”表中匹配学生会学生信息	用 VLOOKUP 函数纵向查找所需的结果	VLOOKUP(查找的姓名，查询区域(绝对值)，列序号，FALSE)	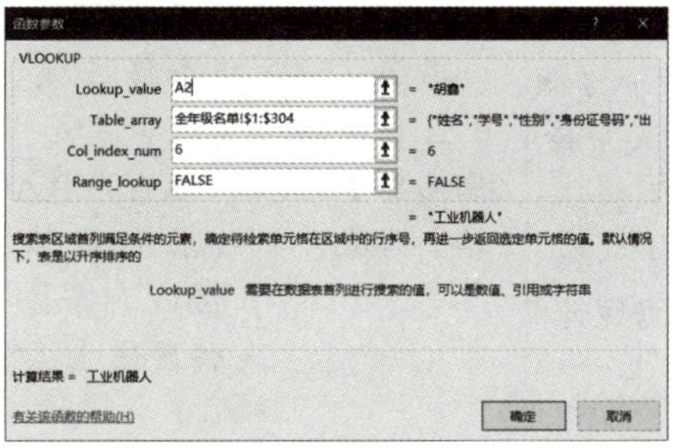

查找值：搜索两表中所共有的姓名列。

查找区域：“全年级名单”工作表所有数据。

返回值的列序号：根据所需查找的“专业”数据，填写列序号。

匹配方式：两表中姓名数据列格式完全相同，可以使用精确匹配，填写 FALSE。

3. 数据计算

数据分析中经常需要对数据进行描述性统计分析，数据计算十分常见，例如计数、求和、求均值、求最值等。Excel 具有强大的数据分析和数据计算功能，掌握其中常用的函数，可以帮助我们快速便捷地进行统计分析。常用的计算统计类函数主要有 COUNT 系列、SUM 系列、AVERAGE 系列与 IF、RANK 等函数（表 2-2-9）。

表 2-2-9　常用统计函数的使用

操作要求	处理思路	操作步骤	操作示意图
完成“人员信息统计表”数据统计	用 COUNT 函数根据要求计数	1.COUNT(值 1,［值 2］, …) 2.COUNTIF(条件区域, 条件) 3.COUNTIFS(条件区域 1, 条件 1,［条件区域 2, 条件 2］, …)	总人数 64 =COUNT(学生会名单 !C: C) 广告设计人数 3 =COUNTIF(学生会名单 !J: J, " 广告设计 ") 江苏男生人数 19 =COUNTIFS(学生会名单 !O: O, " 江苏省 ", 学生会名单 !D: D, " 男 ")
	用 AVERAGE 函数根据要求计算平均值	1.AVERAGE(数字 1,［数字 2］, …) 2.AVERAGEIF(条件区域, 条件,［求和区域］) 3.AVERAGEIFS(求和区域, 条件区域 1, 条件 1,［条件区域 2, 条件 2］, …)	平均身高 164.72 =AVERAGE(学生会名单 !E: E) 焊接加工平均身高 170 =AVERAGEIF(学生会名单 !J: J, " 焊接加工 ", 学生会名单 !E: E) 广告设计男生平均体重 88.37 =AVERAGEIFS(学生会名单 !E: E, 学生会名单 !J: J, " 广告设计 ", 学生会名单 !D: D, " 男 ")
	用 SUM 函数根据要求求和	1.SUM(数字 1,［数字 2］, …) 2.SUMIF(条件区域, 条件,［求和区域］) 3.SUMIFS(求和区域, 条件区域 1, 条件 1,［条件区域 2, 条件 2］, …)	考核总分 5215 =SUM(学生会名单 !G: G) 男生考核总分 2797 =SUMIF(学生会名单 !D: D, " 男 ", 学生会名单 !G: G) 组织部男生总分 555 =SUMIFS(学生会名单 !G: G, 学生会名单 !I: I, " 组织部 ", 学生会名单 !D: D, " 男 ")

续表

操作要求	处理思路	操作步骤	操作示意图
完成考核等第填充	用 IF 函数依据规则划分等第：大于 89 为优，70～89 为良，60～69 为中，小于 60 为差	分段嵌套书写 IF 函数，划分各段等第： = IF（条件 1, "优", IF（条件 2, "良", IF（条件 3, "中", "差"））） 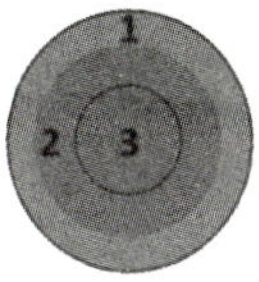	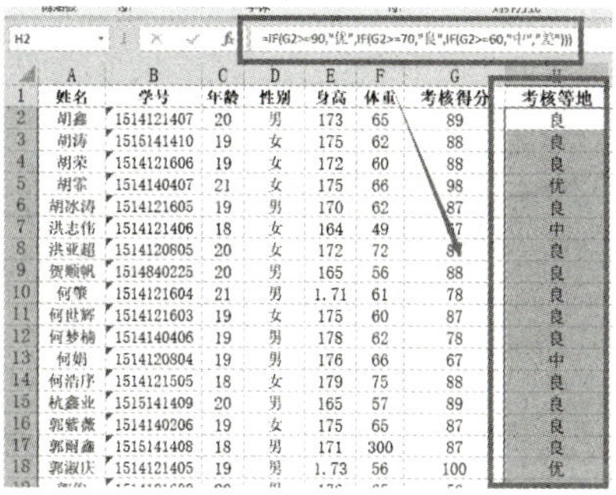
完成考核名次排名	用 RANK 函数依据考核分析从高到低进行排名	RANK(排名对象，排名范围，排名顺序)	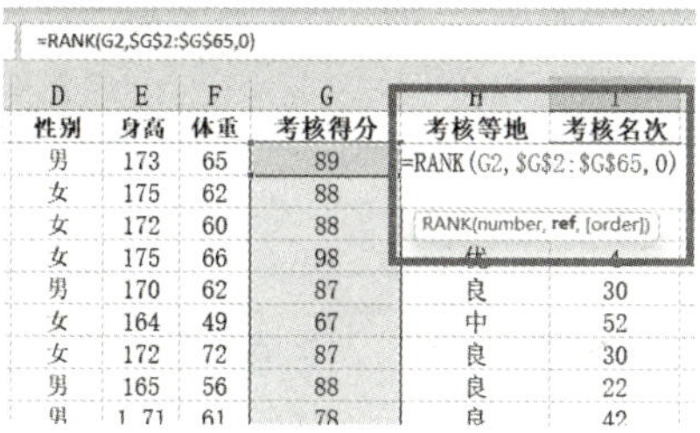

（三）数据可视化

数据可视化是指将数据以统计图表等方式呈现。图表中文字描述较少，只用于标注数据、标题等关键信息，通过简洁直观的分析结果，让阅读者能够快速、准确地理解所要表达的信息。

常见的数据展现方式有统计表和统计图。

1. 统计表

把数据按一定的顺序排列在表格中，就形成统计表。统计表是用于表现数字资料整理结果的最常用的表格。表格具有较强的逻辑性和对比性，因此被广泛用于各类情景。

从结构上看，统计表由表号、表题、表头、表身和表注构成。表号应依序编号，表题应简练明确表示出统计表的主题，表头中栏目应确切说明数据的项目名称，表身中同一量的数值单位应注意一致，资料来源等其他需要写明的信息可以列为表注。

例如，统计学生会各部门人数，可以见表 2–2–10。

表 2–2–10　人员信息统计表

部门	人数
纪检部	6
卫生部	12
文艺部	11
宣传部	12
学习部	12
组织部	11
总人数	64

2. 统计图

统计图是利用几何图形或具体形象表现统计资料的一种形式。它的特点是形象直观、富于表现、便于理解，因而绘制统计图也是统计资料整理的重要内容之一。统计图可以表明总体的规模、水平、结构、对比关系、依存关系、发展趋势和分布状况等信息，有利于深度统计分析与研究。

下面主要介绍如何利用 Excel 来绘制统计图。Excel 常用的统计图有柱形图、条形图、散点图、折线图、饼图等。

（1）柱形图

柱形图是展现数据关系最常用的图形，用于展示各项数据之间的对比情况或一段时间内的数据变化。在柱形图中，通常沿水平轴组织类别，沿竖直轴组织数值。对不同条件分组下的同一指标值的比较。例如统计学生会不同部门成员的地域分布情况时，数据中人数差异不大但省份类别较多，且需要对比呈现各部门人数情况，这时可采用柱形图（表 2–2–11）。

表 2-2-11　柱状统计图的绘制

<table>
<tr><th>操作要求</th><th>处理思路</th><th>操作步骤</th><th>操作示意图</th></tr>
<tr>
<td>绘制学生会各部门人员地域分布柱形图</td>
<td>1. 用数据透视表提取数据绘制统计表
2. 用数据透视图展示统计结果</td>
<td>1. 以“部门”为行，“省份”为列，“学号”为计数项，绘制数据透视表
2. 数据透视表分析→柱状图→数据透视图→柱状图</td>
<td>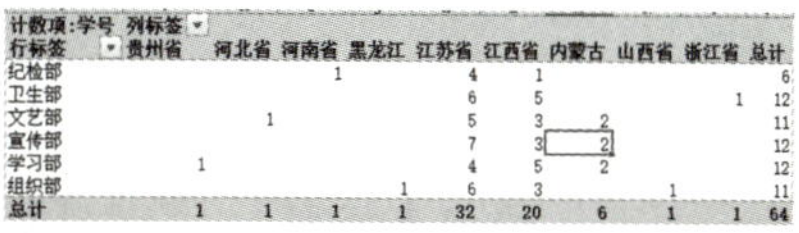
<table>
<tr><th>计数项:学号</th><th>列标签</th><th></th><th></th><th></th><th></th><th></th><th></th><th></th><th></th><th></th></tr>
<tr><td>行标签</td><td>贵州省</td><td>河北省</td><td>河南省</td><td>黑龙江</td><td>江苏省</td><td>江西省</td><td>内蒙古</td><td>山西省</td><td>浙江省</td><td>总计</td></tr>
<tr><td>纪检部</td><td></td><td></td><td>1</td><td></td><td>4</td><td>1</td><td></td><td></td><td></td><td>6</td></tr>
<tr><td>卫生部</td><td></td><td></td><td></td><td></td><td>6</td><td>5</td><td></td><td></td><td>1</td><td>12</td></tr>
<tr><td>文艺部</td><td></td><td>1</td><td></td><td></td><td>5</td><td>3</td><td>2</td><td></td><td></td><td>11</td></tr>
<tr><td>宣传部</td><td></td><td></td><td></td><td></td><td>7</td><td>3</td><td>2</td><td></td><td></td><td>12</td></tr>
<tr><td>学习部</td><td>1</td><td></td><td></td><td></td><td>4</td><td>5</td><td>2</td><td></td><td></td><td>12</td></tr>
<tr><td>组织部</td><td></td><td></td><td></td><td>1</td><td>6</td><td>3</td><td></td><td>1</td><td></td><td>11</td></tr>
<tr><td>总计</td><td>1</td><td>1</td><td>1</td><td>1</td><td>32</td><td>20</td><td>6</td><td>1</td><td>1</td><td>64</td></tr>
</table>
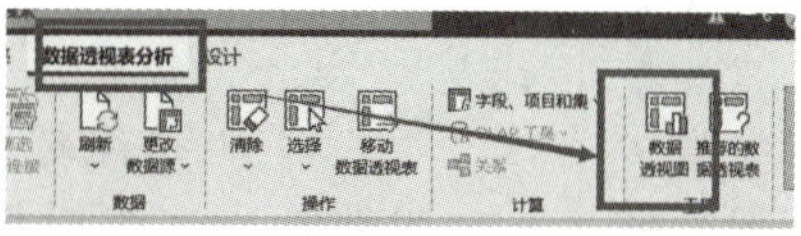

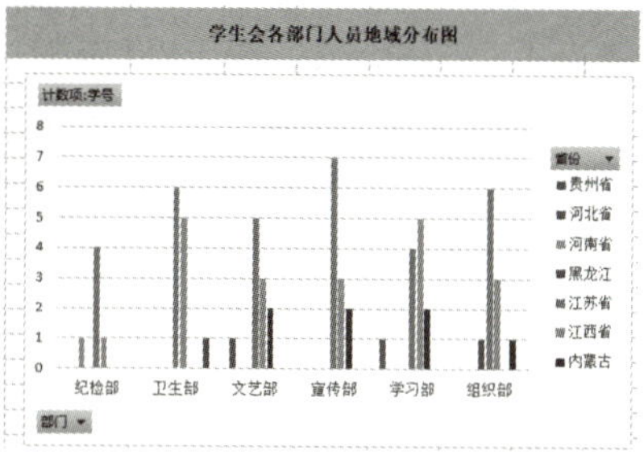
</td>
</tr>
</table>

（2）条形图

条形图就是将柱形图顺时针旋转 90° 后得到的，其适用场景与柱形图比较相近，展示效果上略有不同。例如考核等第的分布与性别的关系，因为各等第间人数差异较大，使用柱状图会造成部分数据轴长度过长影响美观与可读性，而条形图可以体现不同性别相对于分类整体的占比，这时采用条形图（表 2-2-12）。

（3）散点图

散点图，又叫作点图、散布图，是将数据点在坐标系上的分布图，常被用于分析变量之间的相关性。如果坐标点在一条直线附近波动，则称变量之间是线性相关的；如果所有点在某条曲线（非直线）附近波动，则称此相关为非线性相关的；如果所有点没有显示任何关系，则称变量间是不相关的。散点图帮助我们对变量之间的关系作出判断，但想要得到准确的结论，还需要严谨的数学论证。

例如想要知道学生考核得分与最终考核名次是否存在某种关联，就可以选择使用散点图来进行展示和分析（表 2-2-13）。

表 2-2-12　条形图的绘制

<table>
<tr><th>操作要求</th><th>处理思路</th><th>操作步骤</th><th>操作示意图</th></tr>
<tr>
<td>绘制学生会男女考核等第分布图（按颜色区分男女）</td>
<td>1. 用数据透视表提取数据绘制统计表
2. 用数据透视图展示统计表，并优化图表外观与布局</td>
<td>1. 以“性别”为行，“考核等第”为列，“学号”为计数项，绘制数据透视表
2. 数据透视表分析→柱状图→数据透视图→条形图
3. 设计→图表样式→切换 / 行列</td>
<td>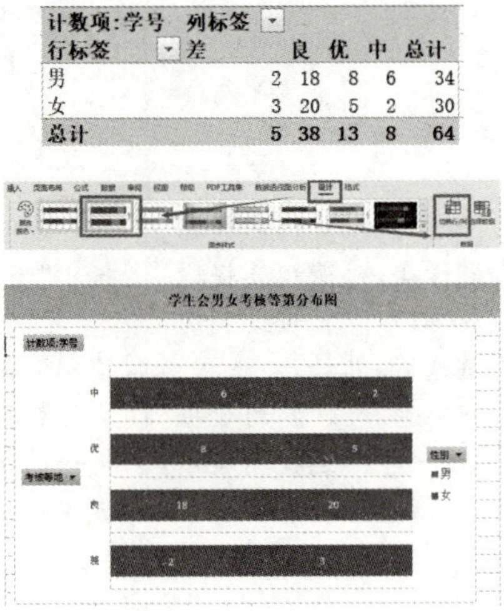
</td>
</tr>
</table>

表 2-2-13　散点图的绘制

<table>
<tr><th>操作要求</th><th>处理思路</th><th>操作步骤</th><th>操作示意图</th></tr>
<tr>
<td>绘制学生年龄与考核成绩关系的散点图</td>
<td>选择数据区域后插入图表</td>
<td>1. 选中“考核成绩”列
2. 按住“Ctrl”后再次选中“考核名次”列
3. 插入→图表→插入散点图</td>
<td>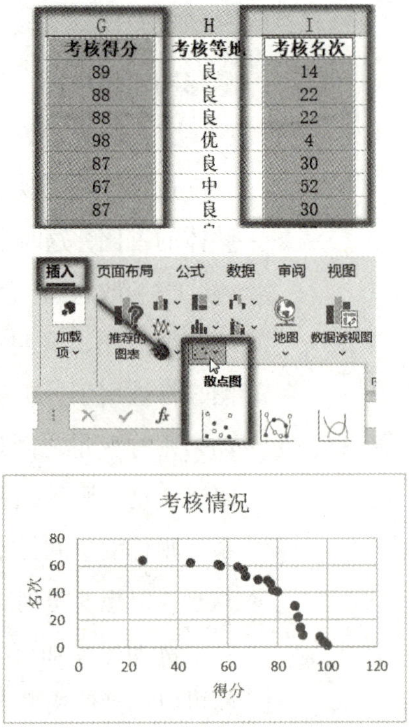
</td>
</tr>
</table>

折线图、饼图的绘制方法基本方法与散点图类似，只是各自适用范围数据不同，下文不再讲解绘制方法。

（4）折线图

如果希望图表能体现数据的变化趋势，如动态数列中的统计指标，一般用折线图展现。动态数列是指将总体在不同时间上的指标数值按时间先后排列而成的序列，又叫作时间数列。

需要注意的是，当两个系列数据差别很大时，在同一坐标轴下就无法很好地展现出数据原本的面貌，这时可以采用双坐标折线图，对比如图 2-2-3、图 2-2-4 所示。

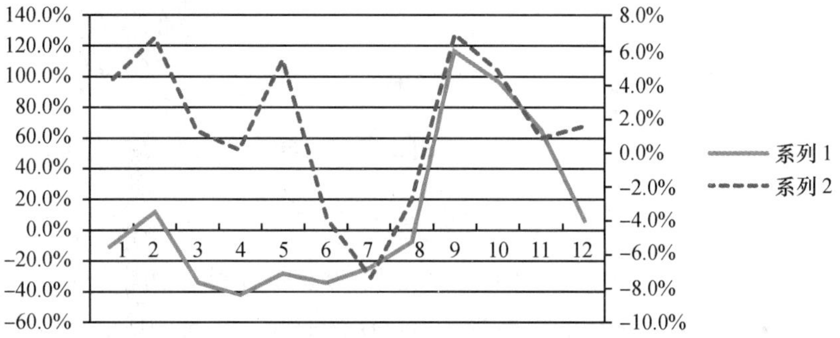

图 2-2-3　单坐标、双系列折线图

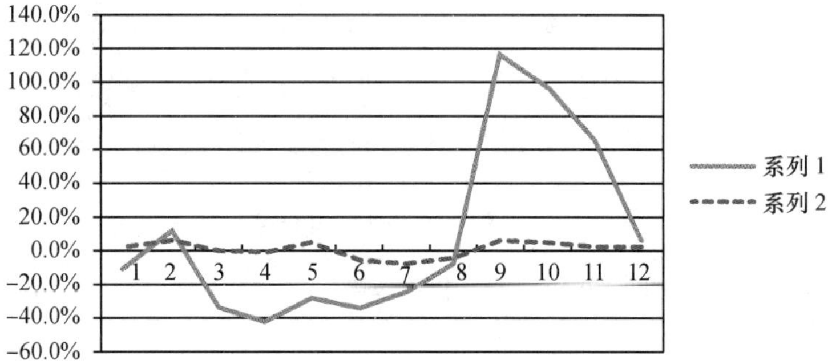

图 2-2-4　双坐标、双系列折线图

（5）饼图

饼图是划分为若干扇形的圆形统计图表。仅排列在统计表的一列或一行中的数据可以绘制到饼图中，饼图通过不同的扇面大小，图形化地表达一个数据系列中各项数据的比例，描述统计量之间的相对关系。饼图中一般不超过 10 条分类数据，扇面个数过多会使图显得拥挤，影响可读性。

例如分析学生会各部门成员人数占比，如图 2-2-5 所示。

行标签	计数项:学号
纪检部	6
卫生部	12
文艺部	11
宣传部	12
学习部	12
组织部	11
总计	**64**

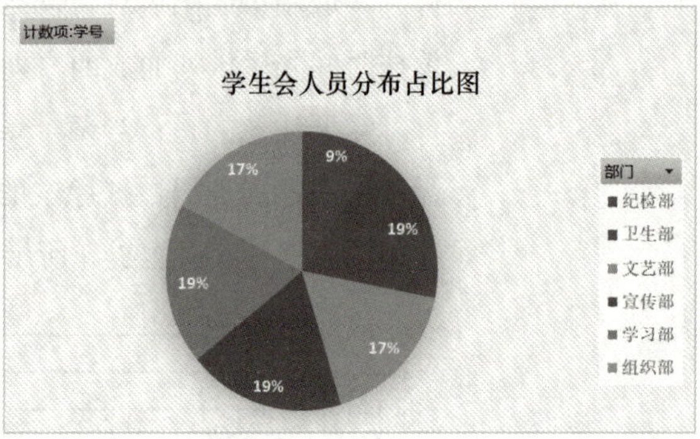

图 2-2-5　学生会人员分布占比的分析

（6）组合图

组合图就是将多个形状组合到一个图形中，主要目的是节约作图的空间，节省阅读多图的时间，从而提高信息传递的效率。一种典型的组合图，是将柱状图与折线图组合在一起。

例如想要分析展示学生会成员的体质状况的相关数据，因为涉及数据列较多，且各列数据间差异性也较大，各列分开绘制图表数量必然较多，而合并绘制时如采用相同图表又会造成阅读困难，这时使用组合图分析展示是一种比较明智的选择（表 2-2-14）。

表 2-2-14　组合图的绘制方法

<table>
<tr><th>操作要求</th><th>处理思路</th><th>操作步骤</th><th>操作示意图</th></tr>
<tr><td>绘制完成学生会体质情况统计图</td><td>1. 用数据透视表提取数据绘制统计表</td><td>1. 以“省份”为行，“身高”“体重”“年龄”为列，绘制数据透视表</td><td>
<table>
<tr><th>行标签</th><th>平均值项:身高</th><th>平均值项:体重</th><th>平均值项:年龄</th></tr>
<tr><td>贵州省</td><td>174</td><td>65</td><td>20</td></tr>
<tr><td>河北省</td><td>160</td><td>48</td><td>20</td></tr>
<tr><td>河南省</td><td>165</td><td>56</td><td>20</td></tr>
<tr><td>黑龙江</td><td>175</td><td>65</td><td>19</td></tr>
<tr><td>江苏省</td><td>168</td><td>74</td><td>19</td></tr>
<tr><td>江西省</td><td>155</td><td>65</td><td>19</td></tr>
<tr><td>内蒙古</td><td>176</td><td>65</td><td>19</td></tr>
<tr><td>山西省</td><td>175</td><td>62</td><td>18</td></tr>
<tr><td>浙江省</td><td>172</td><td>72</td><td>20</td></tr>
<tr><td>总计</td><td>165</td><td>69</td><td>19</td></tr>
</table>
</td></tr>
</table>

续表

操作要求	处理思路	操作步骤	操作示意图
绘制完成学生会体质情况统计图	2. 用数据透视图形化展示统计表 3. 用切片器按需筛选出所需的数据	2. 数据透视表分析→柱状图→数据透视图→组合图→选择图形 3. 数据透视表分析→插入切片器→勾选“部门”“性别”“专业”	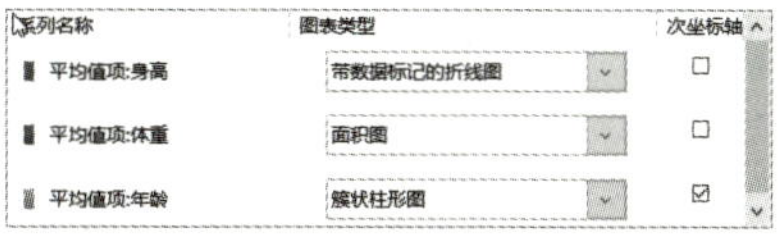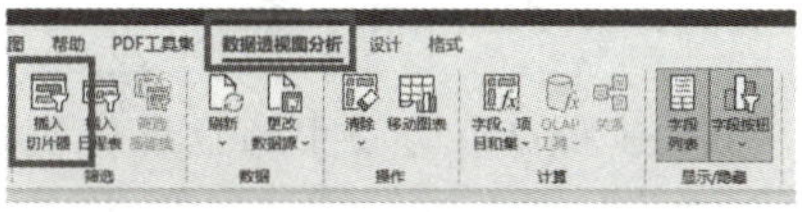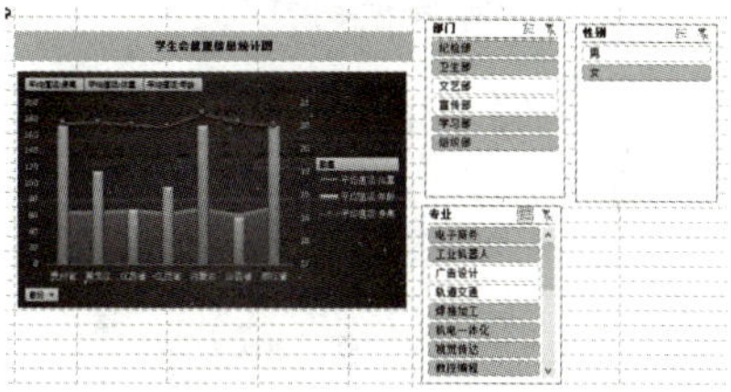

实训活动

根据表 2-2-15 新建 Excel 表格，输入各月数据销量数据，并按要求完成表格数据处理。

表 2-2-15　图书销量分析表　　单位：本

图书名称	1月	2月	3月	4月	5月	6月	趋势图
Excel 2007 锦囊妙计	134	40	34	87	26	45	
Excel 函数在办公中的应用	99	82	16	138	237	114	
Excel 商务图表在办公中的应用	87	116	89	59	141	170	
Excel 数据统计与分析	104	108	93	48	36	59	

续表

图书名称	1月	2月	3月	4月	5月	6月	趋势图
Office 高手——商务办公好帮手	126	3	33	76	132	41	
PowerPoint 商务演讲	141	54	193	103	106	56	
Word 2007 在办公中的应用	116	133	285	63	110	154	
电子邮件使用技巧	88	74	12	21	146	73	
总销量							
平均销量							
统计图							

活动要求

1. 制作图书销量分析表。

2. 计算出各月图书总销量与平均销量。

3. 分析数据分布与类型，选择“迷你图”（图 2-2-6），完成“统计图”“趋势图”的绘制。

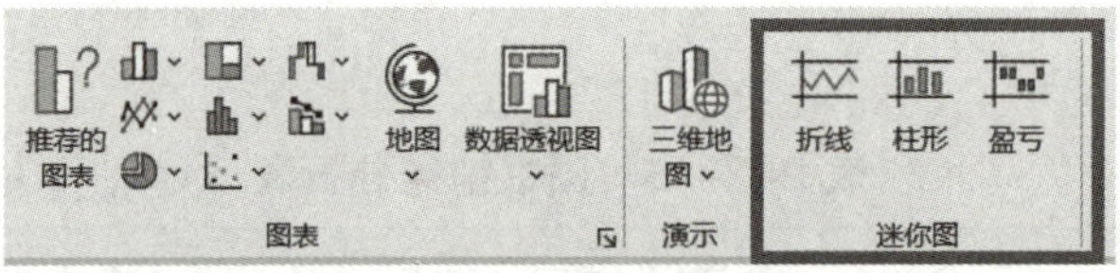

图 2-2-6 绘制迷你图

4. 对比迷你图与常规图表的异同，你能得出哪些启示？

活动实施

1. 请同学自由组合成小组，各组推荐出一名小组长。

2. 小组长组织小组成员讨论，运用 Excel 分析工具完成以上活动。

3. 小组对最终的分析表进行讨论，记录获得的启示。

4. 小组选代表在全班展示成果，并阐述小组的数据处理方法。

活动评价

评价项目		权重	互评	自评
Excel 的使用（70 分）	熟练操作工具	30 分		
	对数据进行计算	20 分		
	通过图形展示数据	20 分		
小组合作（30 分）	参与度强	15 分		
	能团队协作	15 分		

第三课　展示信息

学习目标

1. 能依据 3W 原则获取制作信息展示所需的信息，分析制作需求。
2. 能借助思维导图给文档分段，生成演示文稿大纲。
3. 能合理提炼文档内容，形成演示文稿文案。
4. 能为通过设置合理的版式、背景、字体、色彩等，统一演示文稿呈现风格。

翻转课堂

本课导读

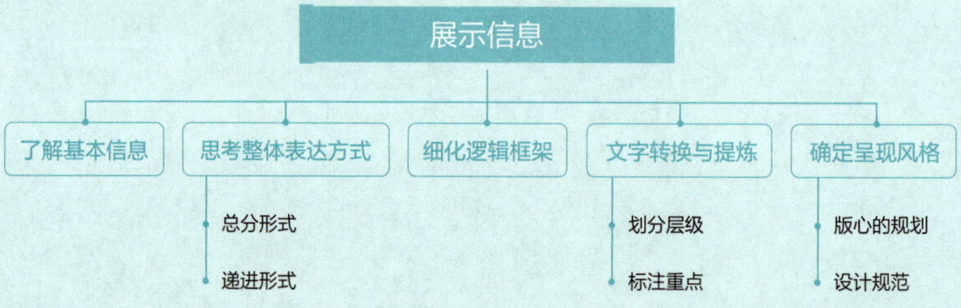

在即将到来的绿色环保校园宣传活动中，学生会计划进行一次环保主题宣讲，为此学生会的同学们已经查询了相关信息，准备好了演讲的文字稿（文档）。为了更好地辅助演讲，有效展示和传递演讲主题和信息，还需利用 PowerPoint 制作演讲所用的演示文稿。

想一想

日常工作中，经常需要依据文档来制作演示文稿，如果只是把文字进行简单的复制粘贴，效果必然不尽如人意。为了更好地传达文档信息，要如何制作一份能在第一时间吸引观众注意力，且主题风格统一、图文布局合理、视觉效果良好的演示文稿呢？有哪些好用的技巧呢？

信息的展示主要是指利用文字、图表、动画、视频等各类手段，清晰有效地传递信息。展示信息需要艺术效果与功能齐头并进，使关系复杂的各种信息变得直观、层次清晰、一目了然。

PowerPoint（以 2019 版为例）作为大家所熟悉的办公软件，能以文字、图形、色彩及动画的方式，将需要表达的信息直观、形象地展示给观众，使观众印象深刻，从而提升演示效果。其本质是帮助受众更容易理解使用者的观点或所描述的事物、过程，并在之后作出积极的回应。

要制作一份演示文稿，一般首先需要确认所需展示信息的基本情况，其次确定文档结构，再次完善信息的逻辑框架，最后进行演示文稿的文本提炼，并以适当的设计风格呈现出来，如图 2-3-1 所示。

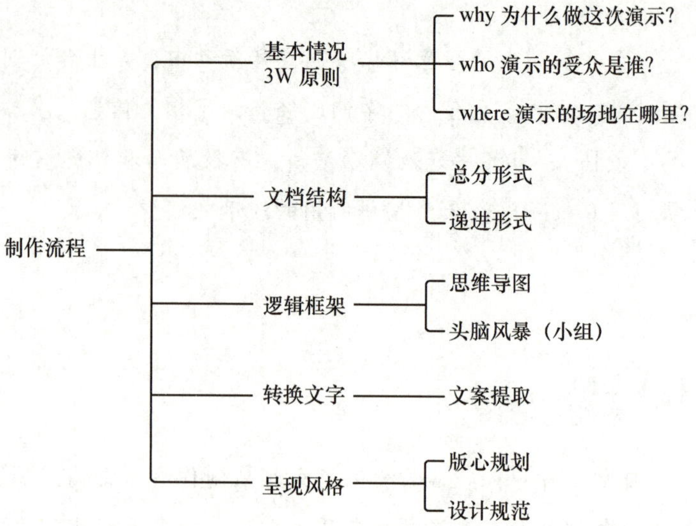

图 2-3-1　制作流程

一、了解基本情况

在我们开始制作演示文稿之前，需要先了解信息的用途与受众，明确“为什么（why）”“谁（who）”“在哪里（where）”三个方面的基本情况，称为 3W 原则：

Why：为什么做这次演示？目的是什么？例如：是为了阐释观点还是介绍产品？

Who：演示的受众是谁？目标是哪一类人群？例如：是学生还是在职工作人员？

Where：演示的场地在哪里？场地应该如何安排？例如：是在会议室还是在教室？

练一练

请结合本次任务中的环保宣讲活动情景，尝试依据 3W 原则分析演示文稿的制作所需的基本信息（表 2-3-1）。

表 2-3-1　3W 基本信息表

演示用途与原因	演示的受众	演示的场地

二、分析文档基本结构

在了解基本情况之后，需要分析文档采用的结构形式。

（一）总分形式

总分式结构是一种最基本、最常用的文章结构形式。总分式结构包括总述部分和多个分述部分，如图 2-3-2 所示。总述部分对文本的内容、论点和论证进行概括，可以使读者了解全文的主要内容，是全文的核心。分述部分是对总述部分的进一步详细阐述。各分述论点之间可以是并列、递进或对比的关系。

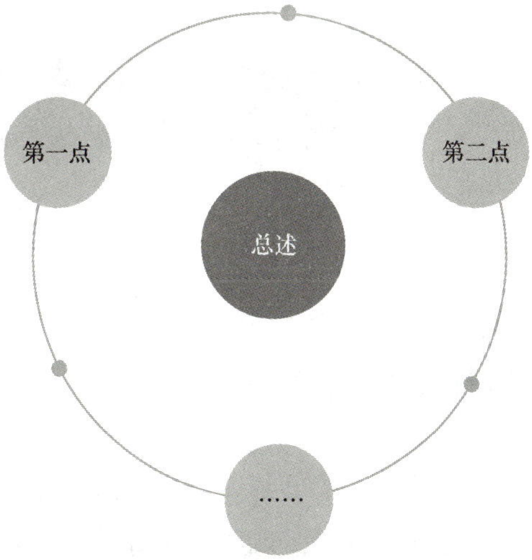

图 2-3-2　总分形式示意图

总分形式中最常用的就是“总—分”式，就是先整体地概括主要内容或者观点，再从多个方面分别进行说明。如果结尾还要进行整体总结，就是“总—分—总”式。除此之外，文章中有时也会使用“分—总”式，但这种形式在演讲中不便于受众尽早了解演讲的主题和重点，故一般不推荐。

（二）递进形式

递进式也是文章常用结构形式中的一种，是指按照事物或事理的发展规律以及逻辑关系，深化递进的结构方式，如图 2–3–3 所示。

递进形式的特点是：

1. 在一段文字中，按逻辑关系，环环相扣，层层递进，不断深化，适应读者思考习惯。

2. 在每一个层次上都有一个或几个中心论点。

递进形式结构严谨，层次分明，条理清楚，逐步展开论述，能使读者对文章的内容有更深刻的理解和认识。在递进关系中，后一层次比前一层次有更多的内容可以向前推进，同时后一层次所阐述的内容也是对前一层次的深化和发展。

图 2–3–3　递进形式示意图

三、细化逻辑框架

演示文稿的具体框架结构，将直接影响成果的质量，并且贯穿整个制作过程中。就如同建造一所房子需要先打好地基，缺乏逻辑性的演示文稿会严重影响阅读体验，也很难准确有效地展示和传达文本中的重点信息。这就需要我们结合基本情况对文档进行分段，理解各段所含内容，梳理出整体框架结构。

梳理过程的一般步骤是：

1. 对内容进行细化分段（分页）。

2. 为每段提炼出小标题（要点）以及相关信息。

3. 根据演讲展示的需求，选择性地保留文字。

梳理文档逻辑框架的过程既能提升对内容的熟悉程度，也是后续进一步提炼文本的基础。整体框架的搭建需要根据演示文稿使用场景、需求特点等结合具体场景进行展开，不能千篇一律。

此外在梳理的过程中我们还可以借助专门的软件工具制作思维导图（图 2-3-4）。

图 2-3-4　逻辑框架思维导图示例

练一练

请结合本课“环保宣传演讲稿”的主题，梳理出你的演示文稿逻辑框架。

四、文字转换与提炼

完成了文本的逻辑框架的梳理后，我们还不能直接把文本的内容直接复制到演示文稿的每一页中。制作演示文稿要明确：直接复制出来的文字不能称作为文案。很多时候，演示文稿中的页面不美观、阅读体验差，不是版面设计问题，而是页面中的文字过多。

那么，如何才能快速提炼演示文稿的文案呢？要提炼到什么程度呢？我们以环保宣传演讲稿中的一段为例进行学习。

学生演讲稿范文（节选）

各位领导、老师、同学们：

大家好！今天我演讲的题目是“保护水资源，做环保小公民”。

水是一切生命之源：人体重量的60%是水，血液中的90%是水，我们每人每天需要两公斤的水才能维持生命。水又是生产中的首要资源：生产1吨稻谷需要水1 400立方米，炼1吨钢需要水200立方米，造1吨纸需要水500立方米。可以说，如果没有水，人类将无法生存。

（一）划分层级

首先我们来确定内容结构，进行层级划分。容易看出，上面这段文字是“分—总”结构，其划分结果如图2–3–5所示。

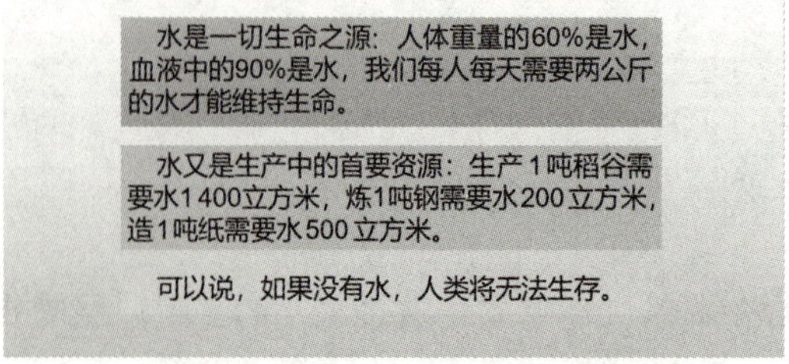

图2–3–5　文本划分层级后的页面

（二）标注重点

梳理内容并完成分层后，我们需要标注出每层的重点内容，并删除其余文字。这里的重点内容可以是字、词语、短句，但尽量避免完整的句子。将提炼后的重点内容放入页面，总结性的语句作为标题放在最上方，再列出两个分论点（图 2–3–6）。

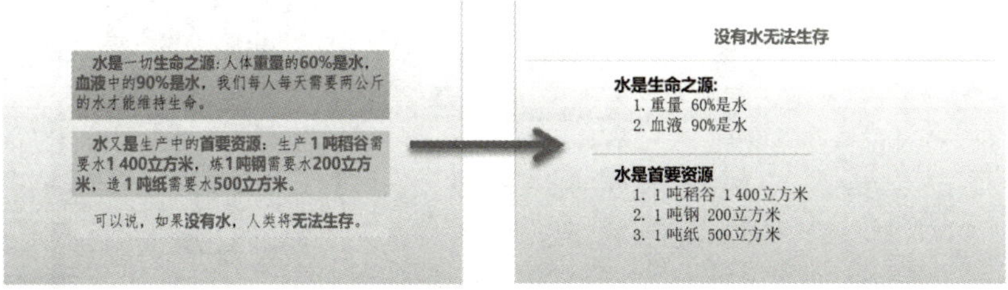

图 2–3–6　文本提炼后的页面

练一练

请参照上述样例，选择一篇演讲稿进行文字内容转换与提炼。

五、确定呈现风格

在完成文本提炼后，就可以确定演示文稿的呈现风格，一般从版式、背景、字体、色彩等多个方面考虑。

风格是艺术概念，指艺术作品在整体上呈现的有代表性的面貌。演示文稿中所有页面要有统一风格，才能更好地展现主题、演示观点。全篇风格不一致的演示文稿无法有效地展示内容。图 2–3–7 所示演示文稿页面因风格不一致而显得整体视觉凌乱。

统一风格需要把握住的两个要点是：版心的规划与设计的规范。

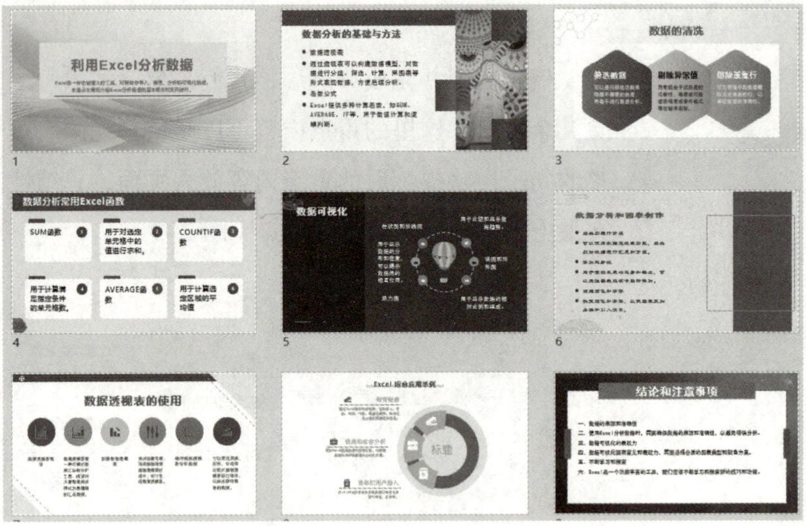

图 2–3–7　风格不一致案例

（一）版心的规划

版心规划是指通过参考线设置合理的页面距，为页面规划出放置内容的中心区域。如图 2–3–8 的阴影部分就称作版心。在进行演示文稿制作时，应主要集中在这个区域。在整个演示文稿中做到版心固定一致，能使页面看起来更加整齐。版心调整的具体操作步骤以图 2–3–9 所示素材为例。

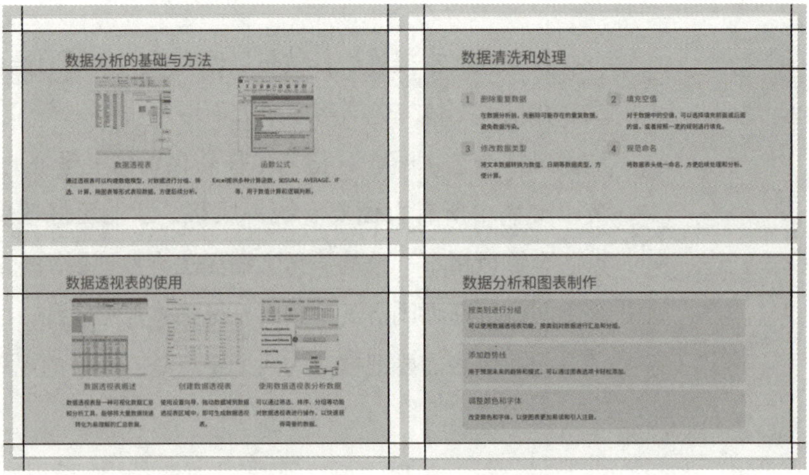

图 2–3–8　版心的概念图示

图 2-3-9　调整版心前

第 1 步，在页面空白处单击右键选择“网格和参考线 (I)…”，点击右侧三角按钮添加水平、垂直参考线，并分别向两侧拖动，作为四周边距线（图 2-3-10）。

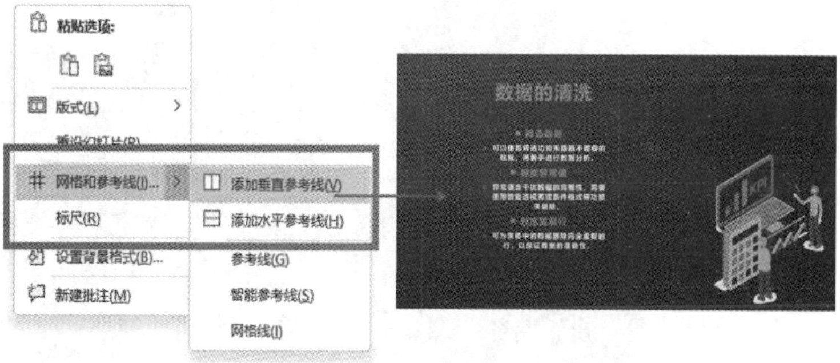

图 2-3-10　设置参考线

第 2 步，选中页面中需修改的元素，利用“格式”菜单页中的“对齐”工具或手动对齐网格线（图 2-3-11）。

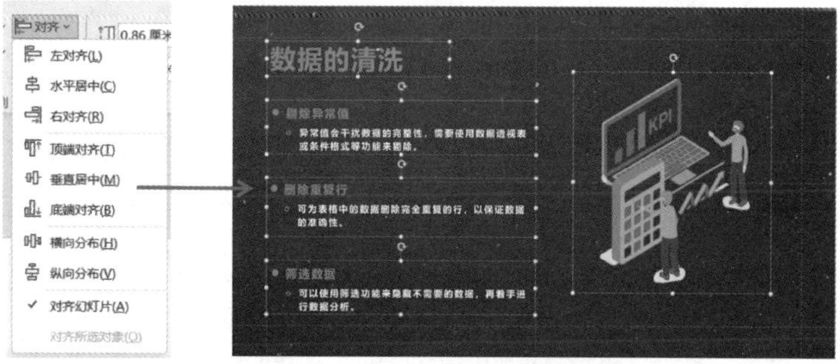

图 2-3-11　与参考线对齐

（二）设计规范

在我们制作演示文稿时应避免没有规划就随性而作，即使是套用已有的模板，也不能仅仅只简单的更换文字和图片，而忽略设计的规范性。一个好的设计，不一定要具备大量炫酷的效果，但必须要做到设计的规范化，建立统一的排版样式、使页面清晰明了，能准确传达信息。

演示文稿设计的规范性主要包括文本样式、配色、版式、修饰元素等多个方面：

1. 文字样式

在同一演示文稿中，同层级信息的文字类型、大小、粗细、颜色应是基本统一的（图 2–3–12）。

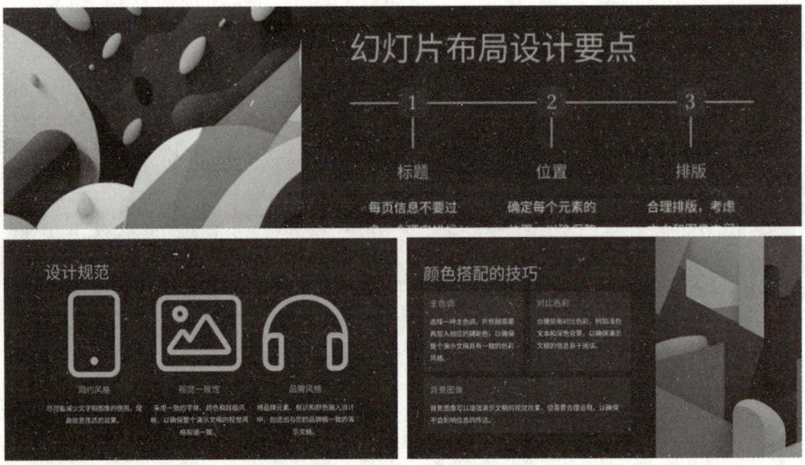

图 2–3–12　文字样式示例

演示文稿中的文本层级区分可以通过选择不同层级的文本框实现。文本框主要分为标题文本框、内容文本框、自定义文本框（带文本的形状）、图表中的注释文本等。快速批量替换文字的样式时，可以单击“视图”选择“大纲视图”修改，如图 2–3–13 所示。或者可单击“视图”选择“幻灯片模板”，进入母版视图中修改，如图 2–3–14 所示。

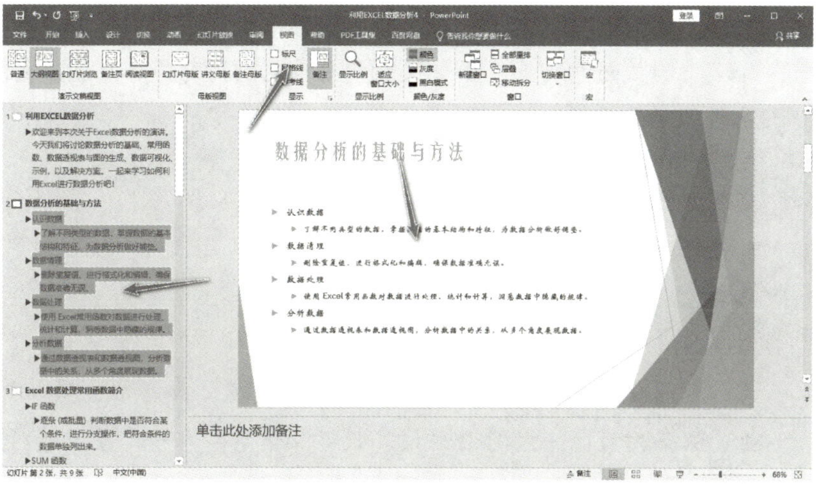

图 2-3-13　大纲视图下修改文字样式

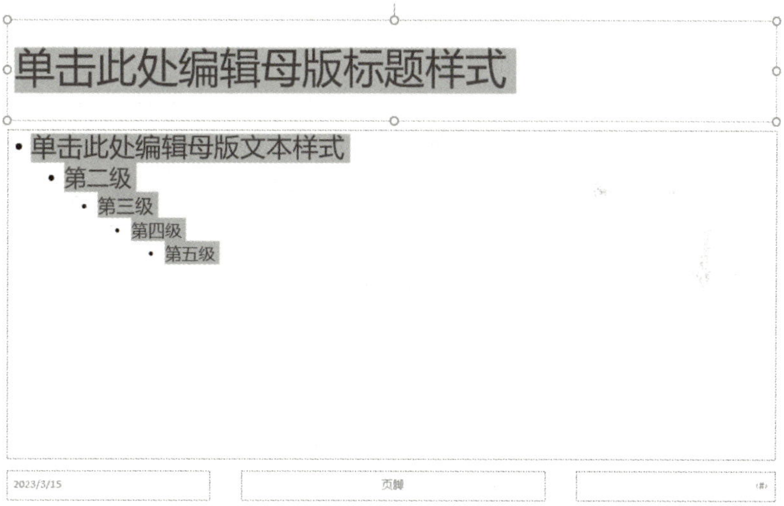

图 2-3-14　母版视图下修改文字样式

2. 配色

配色的主要原则有：

（1）可读性。颜色的搭配要保证内容的可读性。背景和文字同时使用过于鲜艳或者对比度低的颜色，会使得内容可读性变差。

（2）一致性。颜色的一致性是指所有页面的颜色遵循一套规则，应以相对固定的主色、辅助色、字体颜色贯穿全篇。

（3）适用性。颜色可以传达情绪和信息，故应选择与主题相符的配色方案。例如某行业有自己的特有色彩基调，我们应根据相应的企业规范或者行业风格来决定配色。

练一练

查阅资料，列举常见颜色（红、蓝、绿、黄、紫、黑）对应的相关行业。例如，蓝色一般对应科技、教育、信息、电子、航空等行业。想一想，班会课演讲适合使用什么样的配色呢？

3. 版式

在同一个演示文稿中，同层级信息的页面版式应基本相同。例如过渡页，一般会出现多次，对于这种内容层级相同的页面，版式也需要固定。如图 2-3-15 所示，封面和尾页的版式大致一样，每个章节首页的版式基本相同。

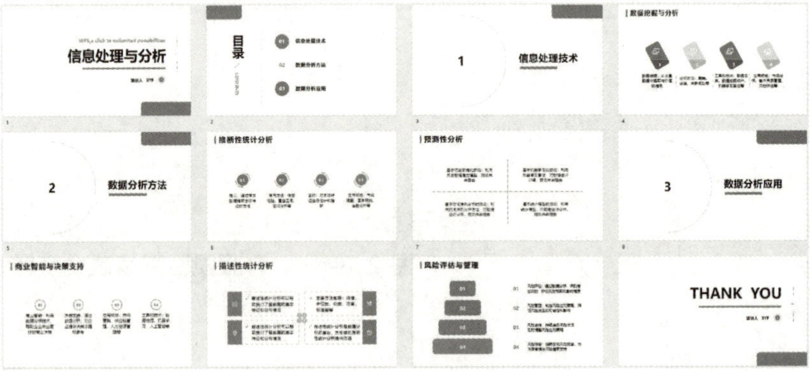

图 2-3-15　版式示例

4. 修饰元素

页面上的修饰元素物重复出现能起到视觉延续的效果。如图 2-3-16 中页面的四周，会有一些相似的修饰元素。

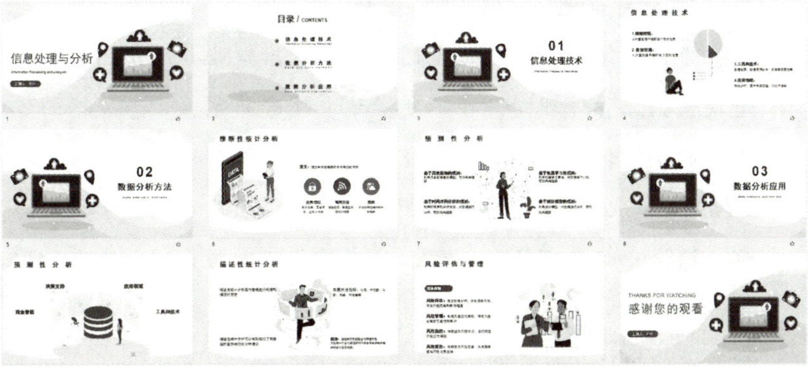

图 2-3-16　修饰元素示例

从上述介绍可以看出，制作演示文稿的大部分精力并不在于操作PowerPoint，而在于思维方式、逻辑组织的确定和展现，以及恰当呈现风格的营造。演示文稿的设计应遵循由大到小的原则，先从大的方面入手，想好整体风格，再想好如何通过配色、字体、背景等方面来呈现。

实训活动

根据下面的公司宣传文案，提炼关键信息，制作介绍该公司的演示文稿。

公司宣传文案范文

让您的事业和娱乐皆“完美无缺”！（“完美”一方面象征着该公司提供的商品和服务，另一方面迎合客户的诉求，而“无缺”则说明了该公司提供双方面的平台且皆十分完美）

公司简介：深圳市某有限公司是一家专业从事国内外专利技术、高科技新产品的引进与代理的多元化投资公司。一九九六年公司成立时，注册资金为 500 万元人民币。如今，该公司已发展成为资产达数千万元人民币，具有独立进出口经营权、可代理国际贸易进出口业务的集团公司。该公司重视引进现代企业管理理念，在不断尝试、改进并完善管理风格的过程中，在充分有效的市场调研基础上，该公司建立了一整套行之有效的管理、营销及市场服务体系。公司实行董事会领导下的总经理负责制，下设人力资源部、财务部、研发中心、市场营销部、客户服务部、商务部、渠道管理部及总裁办公室等部门，并在北京、上海、成都、西安、广州等地设有办事机构，拥有十分广泛的销售和服务网络。

活动要求

1. 将文字稿合理分段，完成文本的梳理并提炼转化为演示文稿的文案。

2. 设置统一的版心布局、字体、版式以及其他页面元素，完成演示文稿的制作。

活动实施

1. 请同学自由组合成小组，各组选出一名小组长。

2. 小组长组织小组成员讨论并分工，完成以上要求。

3. 小组成员对各自的成果进行自评和互评，记录评价结果。

4. 小组选代表在全班展示成果，并阐述小组制作过程中的得失。

活动评价

评价项目		权重	互评	自评
演示文稿的制作（70 分）	操作软件	20 分		
	提炼文本	20 分		
	确定风格	30 分		
小组合作（30 分）	参与度强	15 分		
	团队协作	15 分		

综合实践活动

分析销售数据

【活动导入】

当今世界已经进入信息和数字时代，“数字”经济正飞速向人们生活的各个方面渗透。把一堆数据变成一个有用的结论，用数据看现状、推导方案、检验效果，在电商行业的销售行为中尤为重要。

在电商企业运行的过程中，会产生大量的数据。如何从这些海量数据中提取有价值的数据，并挖掘出其蕴含的信息，是对数据分析人员的考验。一般应利用图形、图表等方式更清晰地展示信息及其变化情况，以便决策者实现实时管理，作出更好的决定。

【活动要求】

1. 活动场地和器材。

场地：计算机实训机房。

器材：计算机、笔记本、笔。

2. 分组要求：每组 3~5 人。

3. 活动时间：120 分钟。

【活动日标】

1. 进行电商销售数据的搜索和分析。

2. 撰写分析报告，并据此制作演示文稿。

3. 以组为单位进行成果展示。

【活动指导】

1. 准备并检查场地、设备，完成分组并讨论活动分工。

2. 小组成员完成活动内容。

3. 小组讨论，确定汇报人员，完成活动汇报。

【活动过程】

1. 分组展开讨论，通过互联网搜索，查找 3~5 个电商平台近 5 年销售数据，填写数据汇总表。

序号	电商平台	时间	商品类别	销售额

2. 观察数据汇总表，理解数据含义并完成数据字段说明表。

序号	字段名	字段描述	数据类型	备注

3. 利用数据汇总表完成销售情况的分析：

（1）确定各类商品的销售额占比并排序，对比不同平台的销售情况。

（2）完成各类商品销售额年度变化趋势的数据透视表。

（3）根据数据透视表，选用适当的图表类型生成数据透视图。

【活动展示】

1. 小组结合已完成的数据分析表与分析图，完成 500 字左右的数据分析报告。

2. 将分析报告文本进行提炼转化，并制作成演示文稿。

3. 小组代表使用演示文稿完成成果展示。

【活动小结】

1. 问题讨论与总结

（1）任务活动中，本小组的操作存在哪些问题，怎样可以做得更好？请具体列出。

（2）你认为本小组在这次任务中存在哪些亮点，其他小组的展示中有哪些可以借鉴学习之处？

（3）组内成员是否能积极参与完成任务？组内协作情况如何？

2. 各组进一步优化完善数据分析结果和演示文稿，并在课后提交。

第三单元

综合探究实践活动

综合探究实践活动一
追寻红色记忆

【活动背景】

走进革命纪念馆，重温一段激情燃烧的岁月；来到烈士陵园，缅怀革命先辈的英雄事迹；探访红色遗址，寻找历史留下的印记……踏上红色故土，在旅途中聆听党史，在行走中感受红色文化，接受红色精神的洗礼。为了大力发扬红色传统、传承红色基因，赓续共产党人精神血脉，开展本次活动，以期能在红色精神的激励下，提升信息检索和处理的能力。

【活动目标】

1. 通过开展“追寻红色记忆”活动，全面了解革命根据地的相关信息，体悟红色精神的内涵。

2. 通过小组团结协作、社会实践，培养通用能力，践行社会主义核心价值观。

3. 能结合活动主题确定信息需求与来源，明确信息途径，完成红色景点素材内容的检索和处理。

4. 能运用所学的信息处理方法对红色景点的红色人物故事、历史事件等素材进行评价、选择、分析、校核。

5. 能结合演示文稿制作方法和要求，将处理好的素材提取制作成演示文稿并展示。

【活动指导】

1. 分小组完成“追寻红色记忆”实践活动，实地走访当地红色景点，并完成社会实践活动记录表，在活动中能友善互助，不怕吃苦，践行社会主义核心价值观，展现优秀劳动品质，感悟红色精神。

2. 小组派代表汇报本小组实践情况，并能在汇报中融入红色精神的内涵。

3. 分小组结合红色精神完成信息的检索、选择、分析和处理。

4. 活动最终提交的内容应符合数据处理和可视化要求。

【活动过程】

一、课前活动——小组分工完成当地红色景点实践体验

1. 教师以组间同质、组内异质的原则完成分组，按每组成员的特点指定组长并完成组员分工，组长负责组织组员讨论完成下表的填写。

小组角色	角色分工职责	角色任务
组长		
时间管理员		
摄影师		
外联员		
记录员		
督察员		

2. 各小组自选本地一处红色景点完成“追寻红色记忆”活动，全面了解红色景点的相关信息，体悟红色精神的内涵。各小组完成下表的记录。

红色景点名称	
景点的红色故事	
景点的红色建筑	
景点的革命遗址	
景点的红色人物	

3. 组长带领组员完成组内探讨，结合课前实践收集的资料，制作演示文稿，提交给教师，教师提出修改意见后，各小组完成修改完善，演示文稿制作要求如下：

（1）按照所学的演示文稿设计、配色、排版要求制作演示文稿。

（2）演示文稿能反映课前小组实践的重点信息。

（3）演示文稿页面上文字突出重点，便于快捷阅读，并配备合适的图片和视频。

二、课中活动——检索国内著名红色景点的相关素材并完成信息处理

1. 小组合作，采用七何分析法（5W2H），完成“追寻红色记忆”课中信息检索与处理活动计划。

运用过程：（1）What：信息检索与处理活动要求是什么？（2）Where：需要什么工作环境？（3）When：工作进度如何？（4）Who：人员如何分工？（5）Why：制定理由是什么？（6）How：用怎样的工作方法？（7）How much：评价达到怎样的质量水平？

活动要求	
活动环境	
活动进度	
人员分工	
制定理由	
工作方法	
成果预期	

2. 小组代表展示汇报计划并根据教师点评修改完善。

3 小组合作，完成信息需求表。

<table>
<tr><th>信息
对象</th><th>信息
时间</th><th>信息
渠道</th><th rowspan="3">信息
内容</th><th colspan="7">信息载体</th></tr>
<tr><td rowspan="6"></td><td rowspan="6"></td><td rowspan="6"></td><th colspan="3">文本</th><th rowspan="2">数据</th><th rowspan="2">图像</th><th rowspan="2">声音</th><th rowspan="2">视频</th></tr>
<tr><th>事实材料</th><th>观点</th><th>其他</th></tr>
<tr><td></td><td></td><td></td><td></td><td></td><td></td><td></td><td></td></tr>
<tr><td></td><td></td><td></td><td></td><td></td><td></td><td></td><td></td></tr>
<tr><td></td><td></td><td></td><td></td><td></td><td></td><td></td><td></td></tr>
<tr><td></td><td></td><td></td><td></td><td></td><td></td><td></td><td></td></tr>
</table>

4. 结合信息需求表，按照活动主题要求精准检索。

（1）按照所学的方法和技巧确定检索词。

检索词：____

____

（2）选择合适的检索指令，确定检索式。

检索式：____

____

（3）小组合作探究，完成信息检索，并给信息分类。

文本信息：____

____

数据信息：____

____

图像信息：____

____

声音信息：____

____

视频信息：____

____

5. 评价和选择、校核信息。

（1）小组合作完成信息的可靠性、时效性、准确性、完整性等方面的分析，形成数据分析表。

素材	可靠性分析	时效性分析	准确性分析	完整性分析
1				
2				
3				
4				
5				

（2）运用合适的信息校核方法，对信息的每项内容进行校核，形成校核后的信息汇总表。

信息载体	信息内容
文字信息	
图片信息	
音频信息	
视频信息	
数据信息	

6. 信息提交。

（1）从所确定的素材中，选取具有时间脉络的关键词，在演示文稿上做成时间线。

（2）选择和提取素材中具有代表意义的图片、音频和视频，结合关键词完成演示文稿制作。

（3）按照“组名—日期”命名后，提交演示文稿。

三、交流评价活动

1. 交流评价

组长带领组员结合红色精神的内涵以及组员在活动中展现的劳动品质，对本小组自开展本活动以来的做法和感想进行总结。

2. 成果设计

教师指导学生完善活动资料，将本小组的活动过程、方法、经验与成果形成文字材料和演示文稿。

四、成果展示活动

可以利用各种形式展示活动结果并交流。

1. 展示手抄报。

2. 写成心得体会，归纳整理资料，体验成功的喜悦，明确还需努力的方向。

3. 开展演示文稿汇报活动。

【活动评价】

1. 完成学生小组互评。

2. 教师进行综合评价。

综合探究实践活动二
探究低碳生活

【活动背景】

近 200 多年来，随着工业化进程的深入，温室气体大量排放成为全球气温升高、气候变化的主因之一。2019 年 12 月世界气象组织公布的气候状况报告指出，近 10 年（2010—2019 年）是有记录以来全球最热的 10 年。全球变暖也使得南极冰川开始融化，进而导致海平面升高，可能会导致许多陆地沉沦。

温室气体让地球“发烧”。地球“发烧”也给人类的健康造成了巨大危害，例如，过敏、肺部感染变得越来越普遍，传染病暴发愈发频繁，等等。低能耗、低污染、低排放，应对气候变化，实现可持续发展，是摆在我们面前一项迫切又长期的任务。低碳生活是人类急需建立的生活方式。

【活动目标】

1. 确定信息需求与来源，明确信息获取途径，进行低碳生活的信息采集与保存，提高信息检索与处理能力。

2. 确定信息检索与处理的成果目标，关注我们生活的地球，关注气候变化，关注人类和谐发展，形成关爱生命的责任心和使命感。

3. 培养通过不同途径收集各类资料的能力，初步具备筛选和整理资料的能力、通过制作电子演示文稿传递信息的能力。

4. 通过调查访问等活动，培养学生的沟通交流能力，增强团结协作的意识。

5. 在小组合作中形成担当意识。

【活动指导】

1. 确定信息需求

了解关于低碳生活的知识，确定低碳生活的关键词，并且能够在活动中对关键词进行调整。

2. 确定信息来源

结合信息源的确定与选择知识，尽量拓展信息来源，避免单一渠道获取信息。

3. 收集信息

通过多种途径采集信息，并且保存。

4. 信息鉴别与分析

运用学过的信息鉴别与分析方法对获取的信息进行鉴别核实，确定出准确、权威、可靠的信息。

5. 筛选信息

对经过鉴别分析后有价值的信息进行选择，筛选出与低碳生活主题有关的信息，剔除掉联系不紧密和过于专业难懂的资料，并且注重典型性，提取出能够提示低碳生活本质的典型信息和能够代表低碳生活发展新变化的信息。

【活动过程】

准备阶段：设计班级实践方案，分组组织实施。

第一阶段：了解人类活动导致全球变暖的事实，认识低碳生活的意义，制定低碳生活信息需求表，通过网络检索、收集信息，再加以评价、分析和选择。

1. 创设情境，激发学生关注地球、关爱生命、追求低碳生活的情感，引出活动的主题。

2. 就以下主题进行信息检索、收集与处理：全球变暖的实际情况、温室效应及与人类相关的温室气体排放、低碳生活。

3. 组成研究组，推选组长，进行组内分工。

信息内容	信息来源	信息渠道	信息评价分析	姓名	分工
					组长

第二阶段：学习调查方法，开展低碳生活调查。

1. 活动时间：课内外结合灵活安排。

2. 以小组为单位分工开展调查实践体验活动。通过收集资料、问卷调查、实地考察、现场采访等形式的活动，多渠道获取相关的信息和资料。

3. 调查任务

任务一　了解以下概念：低碳生活、碳足迹、低碳生活方式。了解人们对于低碳生活的理解有什么不同，分析中外对低碳生活的不同认识。撰写《我的低碳生活文献调查报告》。

任务二　设计问卷（教师提供模板）：进行走访调查，汇总、讨论、分析并完成《低碳生活实践调查报告》，要求按吃、穿、住、用、行五方面设计问卷，各小组分别选择一两个主题进行问卷调查。

任务三　了解它们从哪里来：调查一件商品的生产过程是否低碳，并完成《× × 从哪里来调查报告》（采用走访调查和文献调查结合的方式）。

任务四　了解它们到哪里去：了解垃圾分类，调查废品回收中各种垃圾、废品最后的归宿，确定哪些是可回收的，以及有什么用途，并完成《× × 到哪里去调查报告》（采用实地调查加文献调查等方法）。

任务五　制订我的低碳出行方案：统计一次全家出行或旅游的

“碳足迹”，了解哪种交通工具碳排放多，学会结合碳排放选择低碳出行方式并设计《我的低碳出行方案》。

任务六　家庭耗能的“碳足迹”：调查家庭耗能情况，分析原因制定《我家的节能方案》。

第三阶段：了解低碳生活建议，提出自己的低碳生活金点子。

1. 以小组为单位，从吃、穿、住、用、行五方面收集学习低碳生活建议。

（1）吃。食品选择、饮食烹饪方式。

（2）穿。着装、洗衣、晾晒、熨烫。

（3）住。生活供暖、照明、节水、节电。

（4）用。常见生活用品、低碳标志产品。

（5）行。出行工具选择、汽车低碳建议。

2. 分组讨论，设计出自己的“低碳生活金点子”，填写表格。

金点子名称	
金点子提供人	
金点子内容	1. 2. 3. 4. 5.

3. 对所设计的低碳生活金点子分类整理，交流学习。

第四阶段：低碳生活创意宣传实践。

学生以各种形式展示小组研究的成果，通过交流与分享，培养学生善于倾听、善于发现、善于质疑、善于答辩的能力。

1. 进行“低碳生活”创作比赛。以漫画、手抄报、微视频、美文等多种形式宣传低碳生活。

2. 举行一次以“争做低碳生活的主人”为主题的班会，制定出符合本班特色的《低碳公约》，并撰写一份《低碳生活倡议书》。

3. 添绿护绿活动。购买小盆景或花苗为家和教室添上一点绿色。开展“拉起手来保护绿”，关注校园的花坛、绿地，维护花坛的美丽，做地球主人。

4. 成果集中宣传展示。

（1）举办“我的低碳生活”演讲比赛（主要资料有：照片、演讲稿等）。

（2）举办“低碳生活”作品展（主要资料有：倡议书、调查表、漫画、微视频、手抄报、动漫、活动过程剪影及演示文稿等）。

（3）以“我的低碳生活”为题写一篇心得体会。

第五阶段：校外拓展延伸。

继续推广活动的成果，让更多的人了解低碳生活，践行低碳生活，同时感受实践的成功感、愉悦感。

1. 开展“1+N，家校齐努力”活动，让学生回家进行低碳宣传和实践，使低碳生活走向每一个家庭。

2. 组织实践活动成果展览，面向社区进行低碳知识宣传，在参与和体验中成为低碳生活的宣传者、实践者、示范者。让更多的人了解低碳生活，分享活动的快乐。

3. 作为低碳生活志愿者，到街头进行宣传，发放有关倡议书，用自己的行动影响一批人共同关注地球，关爱生命，践行低碳生活。

提示：活动各阶段需注意积累照片、录像和文字资料。

【活动评价】

1. 对信息收集、实践活动情况进行自我评价。

2. 小组成员、教师对学生实践活动情况进行评价。

综合探究实践活动三
探究食品安全

【活动背景】

从一定意义上说，21 世纪是绿色世纪。随着环保意识的增强，人们生活品质观念的转变，人们越来越崇尚自然，注重安全，追求健康生活。食品的质量和安全已成为全社会关注的焦点。针对学校的现有资源和学生实际情况，我们将开展关于“食品安全”的活动课程。通过开展此活动，使学生懂得食品安全的重要性，树立绿色安全食品消费观，确立科学、有益健康和环保的食品消费模式。

【活动目标】

1. 通过开展“食品安全”主题活动，全面了解有关食品安全的基础知识，懂得食品安全的重要性。

2. 巩固信息收集与处理的方法，提高发现问题、分析问题、解决问题的能力；能够完成活动记录，并撰写社会实践报告。

3. 培养多渠道信息收集的能力，学会信息的加工处理和应用。

4. 通过分工协作，培养团队合作意识。

5. 通过对食品安全问题的探索研究，增强食品安全意识和自我保护意识。

【活动指导】

1. 学生自由发言，说说对食品安全性的了解，再收集、处理和研读有关资料，谈谈以下标识与食品安全性的关联。

含义、作用及与食品安全性的关联：

____

____

____

____

含义、作用及与食品安全性的关联：

____

____

____

____

含义、作用及与食品安全性的关联：

____

____

____

____

2. 小组自选活动主题。

（1）生鲜食品安全问题调查。

（2）烧烤食品安全问题调查。

（3）火锅汤料安全问题调查。

3. 完成以“呼唤绿色健康食品”为主题的倡议书、建议书或社会实践报告。

【活动过程】

一、确定活动场地

活动场地可以是学校食堂、校外摊点、超市、商场。

二、活动形式

1. 根据自己选择的主题内容，成立以 5~8 人为一组的活动小组，选出组长，采用课内与课外相结合的方式，进行探究性学习。

2. 整个过程由小组成员协作完成，研究结果形式可以多样化。教师对学生的认识、个人体验以及采集信息、资料处理的方法和结果进行综合评价。

3. 活动成果要求以小组为单位进行现场汇报，汇报形式不限。

三、具体步骤

1. 活动准备

（1）教师讲解此次活动的意义。

（2）讨论什么是安全的食品。

（3）设计调查表，掌握表格大体格式，如标题、统计项、调查日期、调查人名等栏目。

2. 资料收集

（1）利用课余时间，收集一些关于食品安全的资料，并对所收集的资料进行整理、筛选、综合分析。

（2）对所采用各种收集资料的方法进行整理。

3. 实地调研

（1）结合活动主题，各小组设计统计项相应的问题。

（2）教师或组长带领各小组到商场、超市以及路边小摊进行参观，并做好实地记录。

（3）小组进行交流讨论，结合之前收集的安全食品知识，完成汇总和分析。

（4）整理调查的结果，总结调查情况。

（5）完成活动记录，把活动的目的、内容、方式、过程、体会、收获等记录下来。

4. 文字材料撰写

（1）以“呼唤绿色健康食品”为主题，开展讨论会，每人发表自己的看法，具体讨论“呼唤绿色健康食品”的方法，选择最好的方式进行呼吁。

（2）撰写倡议书、建议书或社会实践报告，呼吁大家购买绿色健康食品。

5. 活动小结

（1）在个人自我总结、小组总结的基础上，在班级进行总结交流。

（2）总结形式可以多种多样，可以是个人日记、实践活动中的反思与建议等。

【活动评价】

1. 完成学生小组互评。

2. 教师进行综合评价。